LA TABLE RONDE
DES POWYS

PATRICK REUMAUX

LA TABLE RONDE DES POWYS

LE BRUIT DU TEMPS

I

NOUS, LES POWYS

La table du Révérend Charles Francis Powys, au presbytère de Montacute, est une « Table Ronde » comme celle d'Arthur. Il y a un Graal Powys, une solidarité Powys, une essence Powys, différente des autres essences de la race humaine. Louis Wilkinson (Theodore, avec un brin de satanisme, surnommera « l'Archange » ce Louis qui signe ses romans Louis Marlow), seul étranger à y avoir jamais été admis, en perçut la formidable étrangeté. « Assis à cette table, écrit-il, je me sentis bizarrement manchot, et comme un intrus, sans l'ombre d'une chance. Je sentis que j'appartenais à une race entièrement différente. J'aurais été plus en sécurité si j'avais pu changer la couleur de ma peau, de mes cheveux, en quelque chose de plus semblable aux Powys[1]. »

Ce Révérend de pierre (il eut onze enfants, trois nous intéressent ici, John Cowper, Theodore, Llewelyn)

1. Louis Marlow (pseudonyme de Louis Wilkinson), *Welsh Ambassadors*, Chapman and Hall, 1936 ; reprinted by Bertram Rota, 1971.

domine la table de toute sa férocité rentrée. Dans les veines de sa femme, coule le sang de William Cowper : « Elle était romantique, écrit Wilkinson, sensible, mélancolique et morbide. Il fallut aux fils tout le masochisme mental de la mère, toute la féroce puissance du père, pour écrire *Wolf Solent* et *Les Enchantements de Glastonbury*, *Les Dieux de Mr. Tasker* et *John La Mort, Rire noir* et le *Verdict de Bridlegoose*[2]. »

La conversation du Révérend ? D'une banalité plombée.

— Llewelyn m'a dit, Mr. Wilkinson, qu'il vous avait montré notre église cet après-midi. Que pensez-vous de l'église de Montacute ?

La voix est lente, nette, terrible. Suit un silence de mort.

— Nous pensons, conclut le Révérend, que c'est une très belle église.

« Pour un Powys, note l'Archange, tous les accents, sauf l'accent Powys, sont les mêmes. Il serait impossible à l'un quelconque d'entre eux d'écrire une pièce qui pourrait être jouée, ou un roman sur ce que l'on appelle la *vie réelle*[3]. »

Cette surdité des Powys au monde réel entraîne une appréhension particulière du langage qui devient sourd

2. Ibid.
3. Ibid.

à tout ce qui n'est pas la littéralité de l'âme Powys. Ainsi, Llewelyn demande : « Émile Zola, qui est cette dame ? — Quoi ! répond John Cowper. Tu ne *la* connais pas ? La dernière maîtresse de Napoléon, enchanteresse, mais épuisante ! En fait, c'est sa faute, s'il était si pâlichon avant Waterloo. »

De même, Theodore, à qui l'Archange dit que les sœurs Brontë sont, pour un critique, un sujet éculé (*overworked*) prend « *overworked* » au pied de la lettre et croit que les trois sœurs étaient débordées de travail au presbytère de Haworth.

— Bien, dit-il, je crois que leur vieux père…

Il n'achève jamais ses phrases.

Jeune, il ressemble à Nietzsche. Plus tard, à lui-même. Il est une Bible vivante, qui ne parle qu'à Dieu, mais, dans le dialogue, c'est lui qui parle le premier. « Le monde est toujours battu par la pluie, craquelé par le soleil, trempé de brumes salées, éclaboussé de boue. Et nos vies au mieux sont brisées et usées jusqu'à la corde, sans cesse rongées par la mort qui les dévore lentement. Voilà de quel bois nous sommes faits, et toujours les humeurs de Dieu nous remplissent de folie, car c'est de ce bois-là qu'Il est fait[4]. »

4. Theodore Francis Powys, *Soliloquies of a Hermit,* Andrew Melrose, Londres, 1918. Traduit en français dans *Les Parias*, Le Bruit du temps, 2022.

Ce Powys-là aime les bas violets, a la hantise que Dieu tripote les très jeunes filles.

— Peux-tu tout voir ? demande-t-il à Dieu.

— Je le puis.

— Peux-tu voir Sally ?

— Oui, mais je ne crois pas que tu aimerais voir ce qu'elle est en train de faire…

Il écrit plusieurs chefs-d'œuvre. *La Jambe gauche*, *Le Bon Vin de Mr. Weston*, *John La Mort*, *Mr. Bugby fait peur aux oiseaux*, puis n'écrit plus rien. « Je suis rayé des cadres, dit-il à son fils Francis Powys. À la retraite. Je n'ai pas de livre à vendre, et rien pour personne. Je suis extrêmement content de ne rien écrire. »

Tous les Powys, à leur façon, sont des prêtres – des prêtres dévoyés, mais des prêtres quand même… « Plus proche est l'église, écrit John Cowper, plus proche le démon. » À Venise, Saint Marc lui apparaît sous les traits d'une putain. « Oui, la putain des églises, écrit-il à Louis Wilkinson. N'as-tu pas éprouvé le sentiment de volupté de la religion en voyant ces marbres arrondis et ces veines bleues, ces fronts lourds et ensommeillés et ces lèvres tachées de rouge ? »

John Cowper et Theodore sont les prêtres dévoyés de l'invisible. Llewelyn, le plus beau, se fera prêtre du visible : « Tes jambes sont droites et fortes comme deux bouleaux d'argent. À l'endroit qui les divise loge tout le trésor du genre humain. »

Il écrit sur Dionysos, sur Aristippe de Cyrène, sur l'argile ardente qui habille le corps. C'est un homme séduisant, avec d'épais cheveux blonds bouclés, un teint et des yeux clairs, une bouche d'enfant avide de plaisir, parfois maussade. John Cowper décrit ainsi sa voix : « Elle était comme la voix qu'on imagine avoir été celle de Mercutio, de Roméo, d'Henri V. Douce et paresseusement poétique, elle avait un timbre princier de conte de fées, riche et tendre. La totalité du charme indescriptible de sa personnalité, au-delà de ce que j'ai jamais vu et de ce que je verrai jamais chez aucun homme… était dans sa voix. »

Llewelyn écrit quelques livres de premier ordre, *Peau pour Peau, Ardente argile, Souvenirs terrestres, Amour et Mort*. Il a la poitrine pleine de sang, le crache, est submergé par les ténèbres : « Des ténèbres innocentes de sensation, innocentes de pensée. Des ténèbres ne se souciant de rien d'autre que d'un commerce aveugle, inenvieux, avec la poussière des âges sans fin. » Il est le frère préféré de John Cowper, celui qui reconnaît son génie. Des *Enchantements de Glastonbury*, il écrit : « Vraiment je pense que c'est merveilleux. Plus obscène, plus blasphématoire que tout ce qu'aucun de nous n'a encore écrit, et cependant un livre profondément religieux, si terriblement religieux qu'il avale la foi anglicane comme un moucheron – avale le christianisme lui-même comme si c'était un seul œuf de caviar. »

John Cowper s'habille comme un vagabond. Il ressemble (écrit Wilkinson) à un jeune dieu osseux, persuasif, à la chair ferme, au ventre plat. Il n'est pas beau, a une bouche d'une aberrante mobilité, un front simiesque, bas, qu'il compare à celui d'une fille, un nez aquilin, des joues dont le rouge paraît artificiel. Il se dégage cependant de lui une beauté qui transperce tous ceux qui le voient ou l'entendent.

Dans l'écriture, il crée un monde, invente une phrase souvent très longue, qui éjacule des abstractions, voire des lieux communs, qu'il tord et retord jusqu'à ce qu'ils finissent par tresser l'écheveau de sa « Mythologie », ainsi qu'il se plaît à dire – cette chose perverse qui traduit son amour des frôlements, des chevilles bues des yeux, son besoin de masochisme et de déréliction. En Amérique, il fréquente les spectacles burlesques, où les filles sont moches, plus très jeunes et où elles ne savent pas danser. Il s'asseyait, écrit l'Archange, grave, concentré, terriblement absorbé. À une question de l'Archange, il répond : « Ne parle pas ? Comment peux-tu parler *maintenant* ? Sais-tu le titre du spectacle : *Soulever le couvercle* !

— Pourquoi ce titre ? demande l'Archange.
— Pourquoi ? *Pourquoi* ? Soulever le couvercle de toutes sortes de choses perverses, excitantes et cachées, tu imagines ? Oh ! *Les Souleveurs de couvercle* ! »

Pour lire une lettre d'amour, il choisit une auberge qui ressemble à la Maison Usher : « L'endroit vibrait et palpitait d'une vie putrescente, comme un énorme, un horrible cœur. Le rivage était jonché de tortues mortes, aussi grosses que des truies, et l'eau salée, quand on s'y baignait, avait un goût de Mort [...]. C'était le berceau de tous les cauchemars physiques qui fondaient sur des nerfs morbides. »

Tel fut John Cowper, dont le premier roman, *Bois et Pierre*, annonce toute l'œuvre à venir. Le lecteur familier de cet univers retrouvera en Goring, le goret sanglant, une esquisse d'Evans, le sadique de Glastonbury. En Dolores, la petite orpheline italienne, un portrait anticipé de l'écuyère de cirque de *Camp retranché*. Le reste à l'avenant.

Il reconnaîtra aussi dans Maurice Quincunx (l'ermite du chemin de l'Homme mort), au rire sardonique de farfadet, un portrait un peu chargé de Theodore. Il reconnaîtra enfin (évidemment) Llewelyn, le frère aimé, croqué en faune sous les traits de Luke Andersen, qui appelle son frère « Daddy Jim », comme Llewelyn appelait John Cowper « Daddy Jack ». Et

John Cowper lui-même en Jim Andersen, hanté par la folie et la mort, avec la voix des pierres dans la tête et les forces invisibles tournoyant autour de lui comme un vol de freux.

Solaire me paraît être la figure de Llewelyn dans ce livre, faune d'Horace et chien brillant, qui ne croit qu'à la seule chose visible : le sexe de l'aimée. « Ton ventre est un grand pâturage, blanc comme neige semée de marguerites d'avril avec, au centre, le nœud d'amour des générations. »

Pourvue d'un tel nœud, l'amoureuse dont on peut rêver possède une chair qui éblouit. On l'aura compris : par-delà le prétexte (une révolte ouvrière) qui sert de paravent trompeur à *Bois et Pierre*, roman d'une espèce nouvelle, c'est un érotisme tors qui mène le bal. Protagoras, dit-on, fut chassé d'Athènes pour avoir écrit un discours contre les dieux. Il n'y a plus de dieux. Reste cette Femme : argile (*clay*), dirait John Cowper. Non-argile (*unclay*), dirait Theodore. Ardente argile (*impassioned clay*), dirait Llewelyn.

— De quelle Femme parlez-vous ?

— D'une secrète dans un jardin. Les frères Powys auraient bandé pour elle.

II

DE DRÔLES D'OISEAUX

Il y a peu de familles d'écrivains. On connaît les Brontë – trois sœurs et un frère fantôme (Branwell) – et les Powys, trois frères et une sœur fantôme (Philippa). On sait que les Brontë étaient de souche irlandaise, les Powys de souche galloise. Si les passionnés de littérature n'ignorent pas que, chez les Powys, les trois frères écrivains, John Cowper, Theodore, Llewelyn ont, du côté maternel, dans les veines du sang de John Donne et de William Cowper, les passionnés de nature ne se doutent pas un instant qu'ils ont de qui tenir quand ils parlent de botanique ou d'ornithologie dans leurs livres.

Le fils de Theodore, Francis Powys, avait coutume de dire : « Le chef de notre famille est Lord Lilford. » Et Thomas Littleton Powys, quatrième baron Lilford, l'un des huit fondateurs de l'Union des ornithologistes britanniques, est l'auteur célèbre des *Notes sur les oiseaux du Northamptonshire et des environs* – tout comme Jacob Christian Schäffer, au siècle précédent, balayait de son savoir tout ce qui volait, nageait, croissait aux environs de Ratisbonne, James Bolton tout ce qui poussait aux environs de Halifax – et des fameuses *Figures coloriées des oiseaux des Îles britanniques* en sept volumes.

On sait que le Révérend Charles Francis Powys, qui engendra onze enfants, trois écrivains, un maître d'école, un architecte, un fermier, une poétesse, une artiste, une spécialiste de l'art de la dentelle, une mère de famille et une jeune morte, retomba en enfance et, dans sa chambre à Weymouth, lion sans crocs, regardait la mer pendant des heures, en jouant avec sa collection d'œufs d'oiseaux.

Son fils Llewelyn, pour lui tenir compagnie, l'accompagnait dans sa promenade. Le Révérend Powys avait toujours été un grand marcheur, nommant à ses fils tout ce qu'ils rencontraient, oiseaux, fleurs, insectes, arbustes, baies, au cours de leurs randonnées. Un jour, Llewelyn cueillit une cardamine, la tendit à son père et lui demanda s'il se rappelait le nom de la fleur.

« Le vieil homme, écrit-il, craignait plus que tout les questions directes, détestant être incapable de répondre. Il fit donc un effort terrifiant, il connaissait parfaitement cette petite fleur, il la connaissait depuis quatre-vingts ans, quand il jouait dans le verger où se trouvait le noyer, sur les rives de la rivière Stour. Maintenant, il la regardait et son vieux cerveau luttait désespérément pour retrouver le nom enfoui quelque part dans sa mémoire[1]. »

On remarquera que tous les Powys, dans leurs fictions ou leurs essais, nomment les fleurs par leur nom, que ce soit en latin ou en dialecte du Dorset ce qui est une façon de les faire apparaître. Et on se demandera quelle est la meilleure méthode pour y parvenir. Utiliser le vocabulaire d'une flore ? Les mots qui surgissent sous la plume ? Aux yeux de Llewelyn Powys, les feuilles du dictame, une Rutacée, « sont pennées, plumeuses au toucher et les fleurs sont blanches. En été, cette plante exceptionnelle est souvent entourée d'une brume bleue qui rappelle la fumée d'un feu de bois et elle est si inflammable qu'il suffirait d'approcher une allumette pour la faire flamber. Les botanistes expliquent cette mystérieuse propriété par le fait que les feuilles et les tiges de la plante sont ornées d'innombrables poils glanduleux, qui exhalent sous les rayons caniculaires du soleil une vapeur éthérée protégeant d'une couverture aérienne, comme un voile d'Isis, cette très sensible et très singulière plante des haies[2]. »

1. Llewelyn Powys, « In his great old age », *The Powys Journal*, Volume 5, Bath, 1995.
2. Llewelyn Powys, *Love and Death*, *An imaginary Autobiography*, Simon and Shuster, New York, 1941. Trad. fr. : *L'Amour, la Mort, autobiographie imaginaire*, traduction et préface Patrick Reumaux,

Non seulement se servir d'une flore, mais d'une plume, et non seulement d'une plume, mais aussi remonter les siècles : « Les vertus du *dictamnus*, écrit Bartholomée Anglicus, étaient connues de la biche, car elle mangeait de cette herbe pour mettre bas plus vite et plus aisément et, si elle était blessée d'une flèche, elle recherchait cette herbe pour faire sortir le fer de sa blessure[3]. »

Et si l'idéal botanique était de décrire « l'absente de tous bouquets » ? La palme revient à mon avis à John Cowper, l'aîné des trois frères écrivains, qui ne pouvait pas supporter que l'on cueille, ou pire, que l'on piétine une fleur, car il avait la conviction que les plantes étaient des êtres sensibles (ce que confirment les recherches des généticiens). Un jour qu'il écrasa par mégarde une digitale « exquise avec sa gorge de soie mouchetée », Llewelyn dut essuyer la colère de son frère qui le sermonna : « Chacun devrait prendre conscience de la vie distincte et unique du moindre brin d'herbe, de la moindre existence autour de nous[4]. » Chaque fois que John Cowper rendait visite à son frère Theodore,

Phébus, 1998, p. 66-67.

3. Cité par Llewelyn Powys, Ibidem, p. 67.

4. Llewelyn Powys, *Skin for Skin*, Harcourt Brace, New York, 1925 ; Jonathan Cape, Londres, 1926. Trad. fr. de Marie-Christine Simian : *Peau pour peau*, Isolato, 2008, p. 48.

au village de Mappowder, s'il y avait des fleurs dans les vases, il se ruait au robinet de la cuisine, remplissait une carafe d'eau et, sûr que les plantes allaient mourir, remplissait tellement les vases que l'eau débordait sur le bois des meubles bien cirés et les napperons de dentelle blanche fraîchement repassés et amidonnés…

— Il semblait se répandre partout dans la pièce, écrit sa nièce adoptive, Theodora, comme une pieuvre ou quelque autre créature munie de tentacules […]. Je ne l'ai jamais vu qu'enveloppé d'un manteau dans lequel il ressemblait à une gigantesque corneille mantelée[5].

Quoi de plus banal qu'une friche… mais pas pour le regard aiguisé de Cowper Powys… « Fumeterres et persicaires, chicorées et nielles des blés se mêlaient dans ce fragrant holocauste, aux épervières et aux liserons. Au bord des champs, la seconde poussée de coquelicots écarlates traînait comme un chapelet de gouttes sanglantes autour des têtes scalpées de près. » Et puis : « Dans les endroits marécageux, les nouvelles hampes de roseaux avaient de hauts plumets qui dépassaient les tiges de la saison précédente et cachaient ces mortes à la vue. La dernière plante à fleurir, l'aster aux corolles de lavande… » Et puis : « Dans les coins poussiéreux des cours et dans les

5. Theodora Gay Scutt, *Cuckoo in the Powys nest*, Brynmill, 2000.

faubourgs graveleux, la camomille et la matricaire – ces âcres enfants de l'arrière-été, amoureux des décombres et des baraques à vaches désertes… » Et puis : « En bordure des haies les épiaires » et puis « les hampes jaunes des lamiers » et puis « la *marjolaine non éclose* du poète des sonnets », et puis… et puis[6]…

Inventaire sans fin des plantes. On retrouve là, ce que Georges Becker appelait *avoir l'œil filtrant*. Mais l'aîné des Powys, que Llewelyn appelait Daddy Jack, a fait beaucoup mieux. Avec le pavot cornu, il a frappé très fort. Voici cette plante telle qu'on la trouve décrite dans les Flores :

« *Glaucium flavum*, Crantz, 1763 : Plante herbacée érigée et ramifiée, robuste, à latex jaune, à tige glabrescente, légèrement velue dans la partie inférieure, pouvant atteindre 90 centimètres de haut, mais le plus souvent beaucoup plus basse. Les feuilles sont épaisses, glauques et plutôt pâles, oblongues, pennatipartites, avec des lobes irrégulièrement dentés. Les feuilles inférieures, pétiolées, peuvent atteindre jusqu'à 30 centimètres, les caulinaires, plus petites sont généralement engainantes.

Fleurs solitaires sur des pédoncules glabrescents, à deux sépales caducs, pétales jaunes parfois orangés à la base. Très nombreuses étamines à anthères jaunes.

6. John Cowper Powys, *Rodmoor*, G. Arnold Shaw, New York, 1916. Trad. fr. de Patrick Reumaux, Le Bruit du temps, 2021, p. 74.

Styles à deux stigmates. Plante bisannuelle parfois abondante sur les rivages méditerranéens (plages et dunes) présente sur le littoral de l'Atlantique et de la Manche. »

Voici le pavot cornu, sur la plage de Rodmoor, décrit par John Cowper Powys, enveloppé d'un grand manteau qui le fait ressembler à un bouffon ou à un freux ébouriffé : « Les froides feuilles mates de la chose avaient une merveilleuse teinte bleuâtre, une teinte que rien au monde, sauf la mer elle-même, n'aurait pu faire exister. Elles étaient pointues et piquantes, ces feuilles dentées et menaçantes, comme modelées par le sinistre caprice d'un hasard à la Vinci dans le but de surprendre et de choquer l'humanité. Mais, plus vivement encore que par la teinte bleuâtre ou les épines menaçantes, étaient frappantes les grosses fleurs mollement penchées, d'un sulfureux jaune pâle. C'étaient des fleurs qui n'avaient que peu de ressemblance avec celles des autres pavots. Même avant de se faner, elles respiraient une mélancolie particulière, comme si leurs pétales, une fois goûtés, étaient plus somnifères que les breuvages d'oubli ou la mandragore à laquelle l'âme malade aspire désespérément pour effacer ses souvenirs[7]. »

7. J. C. Cowper, *Rodmoor*, op.cit., p. 258.

Que l'on me comprenne bien, il ne s'agit pas d'opposer une description scientifique, qui aurait la froideur, l'objectivité et le poids de la vérité – cliché gros comme le bras – à une description littéraire qui aurait la légèreté, la chaleur, la poésie et l'impondérabilité d'un mirage, cliché du même tabac, mais de se demander – et ce n'est pas tout à fait par hasard que l'on a retrouvé le baron von Linné, qui n'était pas un plaisantin, à genoux devant une touffe d'ajoncs en fleurs – dans quel langage la plante évoquée *apparaît* le mieux.

Quand j'ai rencontré pour la première fois le pavot cornu sur une plage de Bretagne, je n'ai eu ni besoin de Bonnier, ni d'un guide des fleurs du littoral atlantique pour le déterminer, il a surgi d'un trait, comme un diable à ressort, du texte de Powys, avec ses feuilles bleuâtres, menaçantes, nées d'un hasard à la Vinci, ses fleurs jaunes mollement penchées, un peu soufrées par le démon, et ses pétales somnifères invitant à l'oubli.

Georges Becker, qui n'était pas un botaniste du dimanche, stupéfia un jour les auditeurs de France-Culture en affirmant : « […] il y a des quantités de fleurs qui ont des pétales magnifiques. Ces pétales ne servent absolument à rien, ils n'ont aucun rôle physiologique avouable, ce sont de simples ornements […]. Regardez les pétales d'un magnolia, c'est quelque chose de presque démentiel, n'est-ce pas, ces pétales inutiles, c'est simplement quelque chose de tout à fait fraternel pour nous, l'équivalent de ce qu'est pour nous une noce avec ses flonflons, ses pétards, son bal et son festin[8]. »

Peut-être que la botanique délirante du pavot cornu est plus rationnelle que la botanique rassise des flores à la longue figure ? Mais la botanique est-elle rationnelle ? Elle est fondée sur la dichotomie qui est plutôt une caricature de la raison, et je ne suis pas le seul le dire : les menthes, les épervières, les saules sont avec moi.

Les mots corymbe, pistil, carpelle, pédoncule nous enchantent tant qu'on ignore leur signification, autrement dit tant qu'ils restent cabalistiques et nous sorciers. Il n'y a pas de sorcellerie dans les dichotomies. Les fleurs ne dansent pas. Il n'y a que deux temps – ou bien/ou bien – dans les flores, que des valses à trois temps dans les prés du Somerset et des environs de Montacute. Un jour que, petit garçon, Llewelyn s'amusait à décapiter des lychnis avec la baguette de son cerceau de bois, John Cowper lui courut après et, le regardant « de ses petits yeux gris-vert de chat tigré », lui dit : – Llewelyn, ne refais jamais, jamais ça. Jamais de ta vie entière. N'oublie pas que chaque

8. Entretien radiophonique diffusé sur France-Culture en avril 1975. Georges Becker (1905-1994) est notamment l'auteur de *La Mycologie et ses corollaires : une philosophie des sciences naturelles*, Maloine-Doin, 1974.

arbre, chaque feuille, chaque fleur est vivante comme nous sommes vivants[9].

Oppositions ridicules, on en a les oreilles qui bourdonnent : bon en maths *ou* en français, botanique *ou* littérature, nature *ou* culture… voire marcher *ou* écrire, ainsi que l'avoue Theodore à sa sœur Marian, un jour de désespoir : « J'ai essayé de courts portraits pour les journaux […] cela aussi a raté. C'est ainsi. Je vais simplement finir ce que j'ai en train. Et puis je ne veux plus en entendre parler. J'apprendrai à marcher comme mon père […]. Peut-être que j'aurai du succès comme marcheur[10]. »

Le Révérend Powys, qui pendant soixante ans régna en maître sur le clan Powys – John Cowper le lui fit remarquer dans la lettre qu'il lui écrivit pour fêter l'événement[11] – était un grand marcheur. Comme s'il ne savait faire que ça : marcher. Comme si marcher était le substitut d'écrire ou de parler.

9. Llewelyn Powys, *L'Amour, la Mort*, op. cit., p. 70.
10. Georgiane Ensign Kent, « T. F Powys, Two newly discovered letters », *The Powys Journal*, volume XII, Bath, 2002.
11. John Cowper Powys : « J'espère que vos fils et vos filles se joindront à moi pour fêter, chacun à leur façon, le jubilé de diamant de votre règne sur le clan Powys. Puisse le clan durer longtemps et longtemps durer le règne du Roi Charles sur le clan », « The sons to the father, Six Letters written on the occasion of the Sixtieh Birthday of Charles Francis Powys », *The Powys Journal*, vol. 5, Bath, 1995.

Ne dire que des mots transparents, des phrases sans sel : Il fait beau ce soir, ne trouvez-vous pas ?… Remercions le Seigneur pour cette matinée… le rouge-gorge est le seul chanteur qui reste chez nous toute l'année.

— Je déteste les rouges-gorges avec leur gazouillis domestiqué, murmure John Cowper à l'oreille de Llewelyn.

Malédiction de la marche, meurtre du père entouré de ses enfants, par une belle matinée de printemps au presbytère de Montacute, ce père qui ne sait que se frotter les mains et, devenu simple d'esprit, contemple les coquilles de sa collection d'œufs d'oiseaux, sans être capable, « sur sa vie, de se rappeler le nom d'un seul d'entre eux ».

« Une fois assis, écrit Llewelyn, le vieil homme, mon père, se frottait les mains de joie d'avoir ses enfants autour de lui, nous interrogeait sur notre promenade, et nous lui racontions que nous avions trouvé un héron mort près du moulin de Wulham, et aussi une fleur qui semblait être, pensions-nous, une scutellaire. Il envoyait alors ma sœur Lucy chercher son Bewick[12] et sa *Botanique de Johns* dans le bureau et lisait à haute voix des extraits de chacun des deux volumes[13]. »

12. Voir Llewelyn Powys, « Thomas Bewick », in *Les Parias,* Le Bruit du temps, 2022, p. 47 sqq.
13. *Peau pour Peau,* op. cit., p. 55.

On l'imagine insignifiant, cet homme sans paroles, mais c'est presque un géant, avec le front bas d'un lion, une longue lèvre supérieure tremblante, des sourcils touffus, qui sait, pour se faire obéir, donner à son visage une terrifiante expression On n'oublie d'ailleurs aucun des membres de ce clan quand on les a rencontrés une fois, en rêve ou en effigie. Il y a quelques années, un amoureux des Powys eut l'idée d'exposer leurs portraits dans l'une des vitrines d'une célèbre librairie française. On lui fit rapidement comprendre qu'il n'était pas question d'exposer les portraits de gens aussi douteux dans ce temple de la *bonne* littérature. Il y a mieux : en Angleterre même, une haine des Powys. Ainsi « Tous les Powys auraient dû être étranglés à la naissance » écrit Richard Aldington dans une lettre au comte Potocki[14].

Cela commence avec le chef de famille, Lord Lilford, à qui n'est pas dédié un oiseau, mais un lézard européen, *Podarcis lilfordi*, et si le Révérend au front bas, Charles Francis Powys, est un lion debout, son fils aîné, John Cowper, a, dans ses longues étreintes immobiles, quelque chose d'un saurien, des pommettes rouges fardées comme celles d'un singe ou d'un bouffon, un long corps maigre et une poigne de démon. Theodore,

14. Voir Count Potocki of Montalk, *Dog's Eggs, A Study in Powysology*, Part 1, The Melissa Press, Draguignan, 1968.

des traits de gobelin parfois si désespérés que l'on a « l'impression de croiser l'Iscariote, corde en main, se dirigeant vers le sureau », Llewelyn, des traits solaires, une bouche avide de plaisir, la voix de Mercutio, « rodant dans la chaleur au-dessus de nos têtes », comme le dit le grand Will en visite à Vérone.

Aimera-t-on les Powys autant qu'Hamish Traherne, le prêtre à tête de gargouille dans le roman de John Cowper, *Rodmoor*, aime Ricoletto, le rat blanc qu'il transporte partout avec lui ? Je ne sais. Mais ce « rat papiste » se laisse enivrer par l'encens qui émane de ces essais, tout comme Daddy Jack qui les préface ainsi : « Il y a dans les essais de Llewelyn un courant souterrain constant semblable à un bruit d'ailes dans les airs, au bris des vagues dans l'eau, aux craquements d'un feu sur la lande, aux sifflements des herbes que l'on brûle dans le jardin, au son des cloches dans les beffrois [...]. Le style de Llewelyn est celui de nos pensées quand un long rêve diurne nous enveloppe soudain merveilleusement, sur une lande, une terrasse, une balustrade, un coin de mer familier depuis l'enfance[15]. »

15. John Cowper Powys, préface aux *Somerset and Dorset Essays* de Llewelyn Powys, Macdonald, Londres, 1957.

III

SCÈNES DE CHASSE EN FAMILLE

Le pasteur, sa femme et l'archange

Le Révérend Charles Francis Powys, de lointaine ascendance galloise, s'installe avec sa femme, Mary Cowper, d'abord au presbytère de Shirley en 1872, puis à Dorchester, enfin au Presbytère de Montacute où il est nommé vicaire en 1855. Il y demeurera trente-deux ans. Outre Mary Cowper et le Révérend, qui a les sourcils broussailleux et le front bas d'un lion, le cercle de famille est composé de onze enfants. John Cowper est l'aîné, puis viennent Littleton, Theodore, Albert Reginald (surnommé Bertie) Llewelyn et le benjamin William, dit Willie. Les sœurs s'intercalent : Gertrude peint, Nelly meurt, Marion fait de la dentelle, Philippa de la poésie, arrive enfin Lucy, le dernier enfant.

La table des Powys est présidée par le lion, qui tient à cacheter lui-même, d'un sceau d'or, les paquets qu'envoient ses enfants. S'impriment dans la cire les armes de la famille et leur irréelle devise : PARTA

TUERI, « ce que j'ai fait, je le garde ». Table avec siège périlleux, celui de l'invité, que l'on connaît grâce à Louis Wilkinson, amateur de pseudonymes, qui écrit sur les Powys un essai *Welsh Ambassadors,* signé Louis Marlow[1]. Cela irrite une partie de la famille, car il y a des siècles qu'aucun Powys de Montacute n'a mis les pieds au Pays de Galles, mais le titre est dû à la malice de Llewelyn, les *ambassadeurs gallois* étant, dans le Dorset, l'expression dialectale poétique pour désigner les coucous[2].

Fils de pasteur déjà révolté en buvant le lait de sa mère, Louis est un bel homme athée (il se marie quatre fois) à la voix de « baryton phallique » capable de discourir sur le lesbianisme sur un ton religieux, ce qui enchante les vieilles ladies qui ne comprennent rien à ce qu'il raconte[3]. Theodore le surnomme l'Archange.

Dans le pelage roux des renards, on trouve des poux. Dans le pelage des Powys, on trouve Louis. Tout voyeur est vu. Tout voyeur a, dans le dos, comme un poisson pilote, un autre voyeur. De même que John Cowper Powys, en Amérique, colle l'œil à la fente des machines à sous pour voir des images obscènes, de même Louis colle

1. Louis Marlow, *Welsh Ambassadors*, op. cit.
2. Llewelyn Powys, *The Twelwe Months,* John Lane, The Bodley Head, Londres, 1936.
3. Préface de Kenneth Hopkins à *Welsh Ambassadors.*

le sien à la fente de visée du presbytère de Montacute, pour observer un monstre, Protée, autre nom des Powys. Les images qu'il dérobe lui permettent de caricaturer John Cowper dans son roman *Le Bouffon* et l'ensemble des Powys dans *Le Lait du Cygne* (*Swan's Milk*). Là, il se fait moucher par le benjamin, Willie, dont l'étrange tête de faune plaît aux femmes, car le malheureux Louis qui lesbianise et mythologise à souhait, croit (Ô Léda) que les cygnes sont des mammifères. Cela lui vaut ce petit poème ironique de Willie :

Oh, comment allez-vous ?
Et comment va votre cygne ?
N'oubliez pas, matin et soir, de l'allaiter[4]

Le Révérend ? Il n'apparaît qu'aux repas, toute la journée enfermé dans son bureau où, dit Llewelyn, « il fait semblant de travailler ». Sur le chambranle de la cheminée, deux coupes en argent, gagnées à Cambridge. Sur le mur, l'épée de son frère, mort aux Indes du choléra. Au-dessus, un pied d'éléphant. Sur le bureau, un long bâton de cire à cacheter rouge rangé près de la plume d'oie[5]. Il possède quarante mille livres de revenu (donne soixante livres par an à ses fils non mariés, cent à ses fils mariés), a l'habitude, pour

4. Cité par Louis Marlow, in *Welsh Ambassadors,* op.cit.
5. Llewelyn Powys, *Peau pour peau*, op. cit., p. 62.

exprimer son contentement, de se frotter les mains en disant, par exemple : « Le rouge-gorge… est le seul oiseau qui reste chez nous toute l'année. »

John ricane, dit à mi-voix : « Je déteste les rouges-gorges avec leur gazouillis domestique. » Il fait chaud, John enchaîne : « C'est comme si le roi des hiboux était malade. » Le Révérend ne l'entend pas, attend l'heure des prières pour dire : « Je pense que nous pourrions maintenant sonner ces demoiselles. »

Plus tard, retiré à Weymouth et retombé en enfance, il regarde sa collection d'œufs d'oiseaux, puis lève les yeux et regarde la mer, debout près de la fenêtre, regarde pendant des heures.

Regarde quoi ? se demande Llewelyn.

Il y a longtemps que Mary Cowper est morte. Elle est fine, lettrée, morbide, n'aime que la lune, quand elle sort choisit toujours le côté de l'ombre, ne cueille que des fleurs blanches, exaspère Llewelyn qui entend son pas traîner dans la maison, caresse la main de John Cowper, son préféré, qui lui dédie un poème :

Tes mains sont froides. Tes lèvres sont froides.
Et ta poitrine encore plus froide
Mais je me tourne vers toi quand tout est dit
Simplement pour me reposer[6].

6. John Cowper Powys, *Wolf's-Bane* [L'Aconit], G. Arnold Shaw,

En 1914, le 28 juillet, elle frissonne pendant les prières du matin. L'après-midi, elle sort sur la terrasse, tend les bras vers le soleil en disant : « J'ai froid, j'ai froid. » Le 29, elle dit : « J'ai eu des accès de frissons et surtout ça me fait mal, mal, mal, mal. » À Llewelyn : « S'il m'arrivait quelque chose, il ne faut pas que Willie se fasse de la bile, on ne peut pas continuer à vivre en ayant de la peine. » Le 30, elle sourit à sa petite fille Isobel : « Le genre de sourire (écrit Llewelyn) que les morts adressent aux vivants. » Tard dans la soirée, après s'être évanouie, elle se fait transporter par Bertie dans la chambre d'amis afin que son mari n'entende pas ses râles.

John Cowper (Jack) arrive trop tard, le 31. Elle est allongée sur le lit « ses longs bras blancs étendus comme ceux d'une bacchante morte », le visage recouvert d'un mouchoir. Sous le mouchoir « la face est comme de la cire jaune durcie ».

Journal intime de Llewelyn :

> « Suis allé dans la chambre d'amis avec Jack et j'ai soulevé le suaire qui recouvrait le cercueil. Ce n'est pas beau, c'est terrifiant. Je ne crois pas avoir jamais vu quelque chose d'aussi tragique

New York, 1916.

que ce visage. Comme la bouche était ouverte, nous avons essayé d'arranger ça. Jack a retenu le mouchoir pendant que j'appuyais sur le menton qui est remonté facilement, beaucoup trop facilement. Il régnait là une odeur de mort. Pendant des heures nous n'avons pas pu nous en débarrasser. Nous sommes allés dans le potager cueillir de la menthe. C'est le meilleur simple, a dit Jack, pour enlever l'odeur de mort[7]. »

Plus tard, en Afrique, Llewelyn aperçoit un chat qui se traîne sur la véranda, l'épine dorsale brisée. Il lui donne du lait, mais le chat ne peut pas le boire. Il miaule en se traînant sur ses pattes avant. Alors Llewelyn se résout à le tuer à coups de gourdin. « Après quelques coups, il est mort, la bouche entrouverte, les pattes raidies. Cela m'a rappelé la scène dans la chambre d'amis. La mort d'une mère ou celle d'un chat tigré c'est la même chose[8]. »

Tes mains sont froides. Tes lèvres sont froides.
Et ta poitrine encore plus froide…

7. Cité par Malcolm Elwin in *The Life of Llewelyn Powys*, Macdonald, Londres, 1946, p. 114.
8. Llewelyn Powys, *Black Laughter,* Harcourt, Brace & Co., New York, 1924.

Un après-midi d'août de la même année, un vieil homme sort sur la terrasse du Presbytère de Montacute. Gants de jardinier, panier de jardinier, fourchette à la main. Il s'agenouille sur le gravier et commence à enlever les mauvaises herbes. Un jeune homme, qui va bientôt partir en Afrique, se repose sur une chaise longue. Au bout d'un moment, il entend un bruit étrange, quelque chose qui ressemble à un gémissement. Ou à une plainte, ou à un sanglot.

— Père ! s'écrie Llewelyn, Père que se passe-t-il ?

Aucun membre de la famille n'a jamais vu le Révérend pleurer. C'est une chose inimaginable.

— Il n'y a plus personne maintenant pour voir ce que je fais, répond le vieil homme[9].

La ...ième femme de l'Archange

Tous les hommes que j'ai connus dans mon enfance et mon adolescence étaient taillés sur le modèle viril des acteurs hollywoodiens, mais le comportement de Louis envers les femmes n'avait évidemment rien à voir. Durant les trois années où j'ai vécu avec lui, il ne m'a pas fait le moindre cadeau, pas même un bouquet de violettes ; quand nous avons fini par nous marier, il m'a passé au doigt le vieil

9. Llewelyn Powys, *L'Amour, la mort*, op. cit.

anneau de sa mère, qu'il m'a réclamé quand je l'ai quitté. Je n'ai pas été choquée par ce comportement peu sentimental, car je me voyais comme une de ces Femmes Nouvelles de H. G. Wells et je militais pour l'égalité des sexes. Louis n'était pourtant pas totalement dénué de sentiment. Un jour, j'ai trouvé au réveil un poème d'amour, qu'il avait écrit pendant que je dormais, épinglé à mon oreiller. […]

C'est l'homme le plus heureux que j'ai jamais connu. Il était si absorbé par lui-même que c'était un sujet de plaisanteries pour ses amis. Il consacrait tellement de temps à sa santé qu'il n'en restait guère pour autre chose. Il serait inadéquat de le qualifier d'égoïste, même si peu de gens ont réussi à faire mieux. Chez Louis, c'était plus une impénétrabilité de tour d'ivoire. Totalement enfermé en lui-même, il n'avait aucune idée de ce que pouvaient être, vouloir ou désirer les autres et, quand on le lui faisait remarquer, il semblait incapable de comprendre de quoi il était question. En d'autres occasions, il donnait parfois l'impression qu'une partie de son cerveau avait cessé de fonctionner. Invité chez des amis, il demandait vingt fois où se trouvaient les toilettes, prenant à chaque fois la direction inverse et, pour enfiler son Macintosh tâtonnait pendant de longues minutes à l'extérieur en croyant que c'était l'intérieur de l'emmanchure. C'était un homme étrange, qui vivait dans son monde…

Diana Petre, « Living with Louis »,
Powys Journal, vol. V, 1995

Je suis une vieille demoiselle tatillonne

L'Archange aux quatre femmes (deux morts, deux divorces) n'aimait pas ce qu'écrivait John Cowper. Il préférait – de loin – les livres de Theodore. Il attaque avec virulence *Bois et Pierre*, le premier roman de l'aîné des Powys et, avec sa première femme, Frances Gregg, se gausse des poèmes réunis dans *L'Aconit*. Cela lui vaut une lettre cinglante de Llewelyn : « Il n'y a pas un seul poème dans *L'Aconit* qui soit dépourvu de mérite. Cela dépasse de loin tout ce qui a été écrit depuis Matthew Arnold. Il est évident que tu es resté sourd, mais tout ce "persiflage" comme tu dis, va très loin. Frances doit recevoir le fouet pour avoir tenté de falsifier les valeurs de la littérature. Elle doit apprendre à en avoir une connaissance plus fine, à moins qu'elle ne se soit mise à brûler de l'encens aux dieux de tout ce qui est *sophistiqué* et secondaire, et n'a rien à voir ni avec la poésie, ni avec la littérature [...] Ton attaque contre *Bois et Pierre* est plus justifiée. Mais ce livre, tout comme *Rodmoor*, a des pages et maints passages récurrents caractéristiques du génie particulier de Jack. Je te dis qu'une seule ligne imaginative dans un livre sauve tous les défauts de construction du début à la fin[10].

10. Cité par Louis Marlow in *Welsh Ambassadors*, p. 252.

Une seule phrase suffit à sauver un livre. Par exemple qu'un prêtre au visage de gargouille, taillé en hercule, parle au rat qu'il a dans la poche : « Les démons sont des chats, Ricoletto chéri, de gros chats pelucheux ronronneurs avec des yeux larges comme des saucières[11]. »

— Je serais à votre place, dit John Cowper à un jeune admirateur, je me prendrais pour un dieu.

Ou pour un démon. À Davos, où il accompagne Llewelyn, tuberculeux, au sanatorium de Clavadel en 1909, John Cowper achète un livre abominable, *Les Plaisirs de Tibère*. Furieux, Llewelyn lui arrache le livre des mains et le jette dans le ruisseau qui coule près de l'hôtel.

— J'ai honte de toi, hurle-t-il, à l'idée que tu puisses lire des bouquins pareils.

Ou, un autre jour :

— John, John, à ta place j'aurais honte d'être pincé le nez dans ces sales bouquins[12].

Il a l'air d'un saltimbanque. Au sana, règne un certain décorum. Les femmes ont la chevelure parfumée, portent des robes de mousseline. Elles aimeraient

11. In *Rodmoor,* op. cit., p. 170.
12. John Cowper Powys, *Autobiography,* John Lane, The Bodley Head, Londres 1934. Trad. fr. Marie Canavaggia, Gallimard, 1965, p. 555.

dire, comme Oscar Wilde répondant à une lettre de l'Archange : « Vous avez les yeux d'un poète et votre chevelure est charmante. Je suis sûr qu'elle reflète de merveilleuses lumières et j'aime la courbe de vos boucles[13]. » Mais John Cowper est cradingue. Dans *Le Bouffon,* l'Archange le décrit ainsi : « Il portait des vêtements râpés. Sa veste et son gilet, d'un bleu sombre, étaient sales et tachés. Certains boutons manquaient, d'autres pendaient. Son pantalon, gris pâle, était absolument crasseux. Il portait un sac dans une main, une valise dans l'autre. »

Avant de descendre dîner, Llewelyn le force à se brosser, à se laver, *même le cou*. On imagine les cris d'orfraie du paria, la tête dans le lavabo.

— John a du génie, dit Llewelyn, interrogé par un journaliste. Theodore et moi, de l'originalité.

Froissé, Theodore ? Pas le moins du monde.

— Il s'est toujours considéré comme un génie. Depuis l'enfance, il s'est toujours pris pour le roi des fées[14].

— Je suis Polichinelle et je suis Protée, dit John Cowper, et je suis une vieille demoiselle tatillonne, et mon âme peut changer de peau aussi facilement qu'un serpent. Elle peut, par exemple, trouver un plaisir

13. Préface de Kenneth Hopkins à *Welsh Ambassadors.*

14. Cité par Malcolm Elwin in *The Life of Llewelyn Powys*, p. 32.

extraordinaire à se donner l'impression d'être une jeune fille[15].

Ce genre d'affirmation vaut à John, de la part de Llewelyn, le reproche de cabotinage et « d'insincérité spirituelle », mais ce qui est insincérité pour Llewelyn est pour John « don magique de divination ».

Que devine-t-il ? Que hume-t-il dans l'air comme un chien courant ? Ce que le démon qui sème sur sa route des escargots noirs et du sang l'invite à renifler : « Je cherchais les formes féminines provocantes qui s'exposaient au soleil brûlant parmi les odeurs de varech, de poisson, de goudron, de sueur, de sandwichs, de cordage, de peinture, de parfums bon marché, de jupons mouillés par la marée, de bière et d'eau croupissant dans les cales[16]. »

Au sain paganisme de Llewelyn, John Cowper oppose une « luxure de saurien », une collection d'images de femmes aux longues jambes. » Dans les rues misérables de New York ou de Philadelphie, il rôde comme un démon « poussé par le besoin de trouver, dans une pitoyable vitrine, l'image de longues jambes féminines[17] ».

Cabotinage ? Si l'on veut. Quand l'âme aux longues jambes se donne *l'impression* d'être une jeune fille, elle

15. *Autobiographie*, op.cit. p. 249.
16. Ibidem., p. 199.
17. Ibid., p. 343.

rôde, elle se met en chasse. Il faut partir des sylphides si l'on veut comprendre John Cowper, qui se fiche d'ailleurs d'être compris. Il a un côté Corbière, « mon amour à moi n'aime pas qu'on l'aime ». Le plaisir qu'il prend à boire des yeux les chevilles exposées sur la plage de Brighton est analogue au bruit des vagues de la mer du Nord dans *Rodmoor*.

C'est un plaisir *réitéré*. Un plaisir qui revient, celui de la répétition créatrice. Et ce plaisir ne prend pas corps dans son accomplissement, mais dans l'idée de son accomplissement. Voilà pourquoi John Cowper clame son ascétisme sur tous les toits. Voilà pourquoi il écarte Épicure d'un revers de la main et se réclame de Platon.

Ce qui le fait jouir, c'est l'idée. Ce qui revient sans cesse, comme le bruit des vagues, c'est l'idée que des formes peuvent être exposées sur la plage, l'idée que des femmes se dénudent quand on introduit une pièce dans une machine à sous et que l'on colle l'œil à la fente. C'est cela « l'inhumaine chasteté des putains », la bonne volonté des bonniches ou des filles du peuple, l'idée que leur corps est déshabité, déshabillé, au point de ne plus être qu'une matière fluide malléable sous le long index de la fantaisie.

Or, quel est l'élément qui revient sans cesse dans un poème ? Qu'est-ce qui fait qu'un poème, comme une femme nue, est un poème ? La rime : *dirge/surge, cut/slut, guesses/caresses, breath/death, cry/die*, etc. La rime n'est ni possible, ni réelle, ni nécessaire, elle est fatale. La rime, pour John Cowper, est une femme fatale, « la polissonne petite marionnette qu'il lui faut ». Une maille à l'endroit, une maille à l'envers. Il n'y a qu'à tirer les ficelles. Comme Guignol sur la plage. Bouffon, après tout, rime pauvrement, mais rime quand même avec mirliton.

Je suis prêt à parier que John Cowper n'a jamais vu de sa vie le moindre plant d'aconit, qui est une superbe renonculacée montagnarde. Mais il a l'idée de l'aconit, l'idée de son venin mortel, comme il a l'idée du sexe saturnien, et il écrit un recueil de poèmes où l'aconit est absent, mais où les rimes distillent un poison violent.

Tel est l'artiste en vieille demoiselle tatillonne : un crâne de prophète au front bas, une bouche étrange et molle, un nez busqué et des pommettes rouges jusqu'à paraître fardées, « des mains aux longs doigts, aussi minces que les feuilles d'automne, les mains d'un très vieil homme, mais dotées d'une poigne de démon[18] ».

18. Llewelyn Powys, *L'Amour, la mort*, op. cit.

Les Messagers

Les ombres dans le jardin écoutent,
Les fleurs sanglotent,
Pourquoi la porte tourne-t-elle sur ses gonds ?
Les ombres sur la route écoutent,
Les herbes dorment
Pourquoi la grille est-elle ouverte en grand ?

D'au-delà des collines où le soleil se couche
Viennent les Messagers.
Ils ont les cheveux blancs. Ils ont le dos voûté.
Ils trébuchent.
Ils sont muets.

Que ferons-nous aux Messagers quand ils entreront
Pour leur faire murmurer la chose ?
Chut ! Silence ! Notre mère la Terre jusqu'au centre
Tremble devant leur don.

Parons-nous de roses, dressons les tables, versons le vin,
Régalons-les – mais qu'ils s'en aillent…
Paix, Terre ! Nous ne serons pas devins !
Qui sommes-nous qu'il nous faille
Briser le cœur de notre mère ?

Chut ! Maintenant ils s'en vont
Comme ils sont venus, silencieux
Et nous essuyons la sueur qui nous coule sur le front
En prononçant le nom de Dieu !

Mais les ombres toujours écoutent
Et la grille est toujours ouverte
Et la porte toujours tourne sur ses gonds.

John Cowper Powys, *L'Aconit*, 1916

C'est moi qui ai tué Lulu

Il est beau. Étincelant. Il a le rire de Mercutio. Une bouche avide de plaisir, parfois maussade. Il dit que Dionysos est un dieu végétal, qu'on le trouve dans la luxuriance de la végétation, dans l'exubérance des ronciers couverts de mûres, dans la vigueur du lierre qui étrangle, dans la torse rugosité des ceps de vigne. Lui aussi a connu l'extase dionysiaque où, sous l'emprise du dieu, il est devenu à la fois le chat et la souris, partageant avec le chat l'éclat des prunelles vertes et avec la souris, humide de bave, l'extase du martyre. « Quand la folie est passée, écrit-il, survient dans l'accalmie, dans le calme qui succède au silence des Bacchantes, la plus étrange, la plus précieuse des expériences religieuses au moment où, dans un état de quiétude mystique, l'adorateur médite avec imagination, avec compassion, sur le rêve étourdi qui fait vibrer ses sens[19]. »

John Cowper, qui s'estime (à tort ou à raison), bien placé pour savoir de quoi il parle, a repéré chez Llewelyn ce qu'il appelle un élément sadique. « Il y a chez lui un soupçon de sadisme du même genre que le mien. Mais la tendance est si légère qu'il peut se permettre de s'y laisser aller comme il se laisse aller à tous ses autres penchants pervers, car nul être au monde n'est moins porté sur le refoulement que lui[20]. »

On sait qu'il n'y a pas plus menteur que John Cowper, qui ment comme mentait Épiménide, en disant la vérité, et qu'il n'a pas sur ce que l'on appelle le sadisme les idées tout à fait claires (en 1926, Llewelyn et sa femme, Alyse, rencontrent Freud à Vienne et Llewelyn écrit à John que Freud a « l'allure d'un médecin de campagne rusé » et qu'il a été séduit par Alyse comme si « les regards doriens » de sa femme l'avaient « sorti de son monde de tortueux complexes »). Mais il est un épisode, dont Lulu se souviendra toute sa vie, survenu pendant son séjour en Afrique chez son frère Willie, qui peut être rapporté à cette tendance :

19. Llewelyn Powys, « Dionysos », in *Rats in the Sacristy*, Watts and co, Londres, 1937, p. 7.
20. John Cowper Powys, *Autobiographie*, op. cit., p. 317.

« Un jour, en Afrique, du seuil de mon bungalow, je tirai un faucon à gorge blanche. L'oiseau tomba de la branche de l'olivier où il était perché. Mon garçon de cuisine, un jeune Kikuyu d'environ quatorze ans, ayant observé ce qui venait de se passer, fit le tour de la maison pour me demander s'il pouvait le prendre. Sachant combien les indigènes aimaient orner leur tête de plumes blanches, je lui dis d'aller le ramasser. Dix minutes plus tard, sortant pour une raison quelconque, je trouvai le jeune garçon et une petite fille nue, allongés de chaque côté du malheureux oiseau qu'ils avaient écartelé et chevillé au sol. Il était encore vivant et ces deux enfants d'Afrique étaient lentement et délibérément en train de le torturer à mort. Vous seriez en droit de penser qu'un gentleman anglais éduqué dans un collège anglais puis dans une université anglaise, qui avait été un enfant si sensible qu'il ne pouvait supporter la vue d'un cheval peinant sous une charge de pierres de Ham dans la côte du Chemin Creux, ou celle d'une souris se débattant désespérément dans un seau d'eau, aurait été outragé par ce que faisaient ces deux enfants. Pas du tout. En un éclair, cette émotion qui m'échauffait le sang me révéla toute sa force vitale. À peine avais-je réalisé ce qui faisait se retrousser ces délicates lèvres d'ébène d'une si belle et si excitante façon, je me sentis pris dans une telle rafale de passion que ma carcasse en trembla comme celle d'un aspic secoué par le vent, une rafale qui me laissait complice et sans honte, en plein accord avec ce qui se passait[21]. »

Influence de l'Afrique ? Tue ! Tue ! Tue ! « La seule chose à faire pour rester en mesure avec le rythme africain, ce rythme inexorable, la plus sublime cadence, qui ne peut être entendu que lorsque les échines sont broyées et les gorges tranchées[22]. » Sang et mort. Le *Rire Noir* (*Black Laughter*) est dédié à Alyse « dont la lumineuse nature Dorienne est l'exact contraire de tout ce qui peut être barbare ». Mort et Sang : « Le ciel au-dessus de moi s'était assombri. Les vautours étaient descendus. Ils avaient aperçu quelque chose de rouge qui gisait immobile et cela ne pouvait signifier pour eux qu'une chose : DU SANG ! DU SANG ! DU SANG[23] ! »

C'est ce qu'il crache depuis trente ans.

— Vos poumons, lui dit le Dr. Huggard, sont enflammés et, çà et là, parsemés de tubercules qui peuvent rapidement cicatriser ou rapidement s'étendre. Dans ce dernier cas, vos poumons seront pris en peu de temps et tomberont en morceaux[24].

21. Llewelyn Powys, *Peau pour peau*, op. cit., p. 74-75.
22. Llewelyn Powys, *Black Laughter*, Harcourt Brace and Co., New York, 1924, p. 57.
23. Ibid., p. 182
24. Cité par Malcolm Elwin in *The Life of Llewelyn Powys*, op. cit. p. 76.

Le sana est plein de belles poitrinaires dont les poumons tombent en morceaux. « Je suppose, écrit Lulu, que quinze minutes passées dans la chambre n° 2 est aussi mauvais pour moi que d'escalader une montagne[25]. »

Qui choisir ? Adèle, la juive belge, une garce ? Ou la petite fée d'Espagne, Angela ? Ou la courtisane sourde en Bleu de Prusse ? Il choisit la petite dame blanche de Newcastle. « Elle était au lit, sa longue chevelure éparse sur l'oreiller. Je commençais à la trouver belle. La prenant dans mes bras, je l'embrassai puis j'enfouis mon visage dans ses cheveux [...] Son corps était doux et chaud et frémissant sous sa chemise de nuit de flanelle.

— Un rien te plaît, dit-elle, tandis que je posai la main dans la moiteur de son aisselle et que je jouais avec ses petits seins blancs[26]. »

Au printemps (nous sommes en 1909), John Cowper vient lui rendre visite. Ils sortent dans la montagne, font des escapades. En juin, la température de Llewelyn monte. Les yeux lui brûlent. Il crache de la bile d'un vert jaunâtre.

« Ô, mon Lulu chéri, écrit John Cowper, les nouvelles que tu me donnes, c'est trop pour moi. Il m'est venu

25. Ibid., p. 78.
26. Cité par Louis Marlow, in *Welsh Ambassadors*, op.cit. p. 227.

la certitude que la petite dame blanche n'y est pour rien [...] c'est ma visite qui est la cause de tout. Je mets cela sur le compte des escapades que nous avions faites ensemble. »

Qui a tué Lulu
En le mettant dans cet état ?

Moi, dit Jack
Avec mon damné manque
Du plus simple bon sens
Je l'ai mis dans cet état[27].

Llewelyn en réchappe. Il rentre au presbytère de Montacute, se promène dans les champs du Dorset, dans les Downs. Quel est le nom exact du cap ? Faut-il dire *White Nore* ou *White Nose* ?

— Le Nez Blanc, répond sans hésiter Thomas Hardy. Regardez la falaise, vous verrez qu'elle a la forme d'un nez. Elle ressemble au nez du duc de Wellington[28].

Hardy ? Un vieux paysan madré qui refuse de s'en laisser accroire ou de se faire avoir ou berner ou blesser[29].

27. Ibid. p. 234.
28. Cité par Malcolm Elwin, *The Life of Llewelyn Powys*, op. cit., p. 165.
29. John Cowper Powys « Lettres à Huw Menai », trad. Diane de Margerie, *Cahier Granit* n° 1-2, automne hiver 1973, p. 331.

Durant l'été, Lulu prépare des lectures, puis s'embarque pour donner des conférences en Amérique avec John Cowper. Mais c'est un piètre conférencier. Il bégaie, s'arrête, bégaie de nouveau, de nouveau s'arrête. Quelqu'un lui pose une question sur un livre de Meredith qu'il n'a pas lu. Un silence, puis avec une emphase solennelle :

— Je pense, *personnellement*, je pense… je pense *personnellement* que c'est… un très bon livre[30].

Si l'Afrique a un goût de sang, les villes ont le goût de la mort. Il écrit *Gloire de la Vie* (*Glory of Life*) dans un champ de blé, sur les Downs du Dorset, sous un ciel sans nuage, face à la Manche. « Dans les grandes villes que j'ai visitées, à Londres, à Chicago, à Vienne, à San Francisco, à Durban, à Athènes, j'ai été stupéfait d'observer ces âmes mortes, les riches comme les pauvres, esclaves du travail, outrageusement enchaînées sans élever la moindre protestation. […] Ce sont des somnambules hypnotisés par les mensonges humains qui prennent pour argent comptant le sinistre emploi du temps de leur vie[31]. »

En 1930, il commence à écrire *Ardente Argile* dans un cottage du Nez Blanc et le termine l'année suivante à

30. Louis Marlow, *Welsh Ambassadors,* op. cit., p. 108.
31. Llewelyn Powys, *Glory of Life,* John Lane, The Bodley Head, Londres, 1938.

Steepletop, dans l'État de New York, chez la poétesse américaine Edna St Vincent Millay et Eugène Boissevain, son mari. Il écrit à John Cowper : « C'est mon livre le plus important qui sera comme un appel de trompette à la jeunesse, quelque chose comme un livre de poche du Diable, ainsi que nous avions l'intention d'en écrire, décrivant clairement la situation humaine touchant l'astronomie, la biologie, la géologie, l'anthropologie et s'achevant graduellement sur une Éthique qui reprend celle d'Épicure[32]. »

La critique, sanglée dans l'uniforme des conventions édouardiennes, rejette le livre. S'en soucie-t-il ? Plus guère. Il ne se soucie plus du sort accordé à ses livres. Il est, comme Aristippe de Cyrène, « capable de porter avec indifférence un riche manteau ou des haillons ». Il a, avec une ironique sérénité, franchi le pas.

« À la fin des fins que sommes-nous ? Un troupeau de bétails irréel, des images de souffle, des images passagères qui se meuvent rapidement à travers les pâturages du monde en direction d'un cimetière où, d'un seul claquement de doigts, l'éternité est semblable à un jour et un jour semblable à l'éternité[33]. »

Aristippe, à qui on demandait comment était mort Socrate, répondit : « Comme j'aimerais mourir. »

32. Cité par Malcolm Elwin, *The Life of Llewelyn Powys*, op. cit., p. 199.
33. Llewelyn Powys, *Gloire de la vie*, op. cit., p. 44.

Ardente Argile

De jour comme de nuit, tout ce que nous voyons, tout ce que nous entendons est lesté de poésie. Il en va de même pour ce que nous touchons et sentons. Le lait est aussi bon pour la gorge assoiffée que le rayon de miel poisseux pour le goût. Aucun objet n'est dépourvu de ce halo : il cerne le houx à l'époque de Noël, le cheval de bois oublié d'un manège – voilé, ayant perdu sa peinture dans l'arrière-cour d'un charpentier – le bon et le truand, le prêtre et le mendiant de la grand-route. La poésie est aussi bien avec la putain à la fenêtre qu'avec l'amoureux dans le chemin. Elle est inhérente à la vie et à tout ce qui est en rapport avec la vie. Et pas non plus étrangère à la matière morte. Elle est profondément logée dans la poussière. Nous sommes nés pour toutes les aventures, il n'y a aucun doute à cela. Nous serions avisés d'apprendre par cœur les mots gravés sur la vieille tombe romaine :

JE N'ÉTAIS RIEN, JE NE SUIS RIEN, MANGE DU PAIN BOIS DU VIN, FAIS L'AMOUR, VIENS

Llewelyn Powys, dernier paragraphe d'*Ardente Argile.*

L'aigle de mer

Je termine la traduction des poèmes de Philippa Powys dans ce village du Nord-Est – cent une âmes avec la mienne, disons cent et le compte est bon – où, au cours de l'hiver 1967, j'ai traduit les poèmes de Branwell Brontë, puis, en mai-juin 1968, les poèmes d'Anne sur le royaume de Gondal, ce qui me permet d'avoir sur la révolution de Mai des souvenirs champêtres.

Depuis longtemps ces textes sont enterrés, victimes de l'incommensurable avarice des éditeurs. Jean-Jacques Pauvert avait pris le risque de publier cette fugue monumentale en dix volumes tirés au clair par les soins d'Hélène et de Raymond Bellour, mais l'édition fut noyée dans les remous de la révolution de Mai, où la France de l'argent fut saignée par d'authentiques révoltés que l'on voit aujourd'hui, gras et roses, la bedaine garnie par ce vers de Corbière *Mon cœur a pris du ventre et dit bonjour en prose*, pérorer à répétition sur l'Europe ou traîner leurs sales guêtres de nantis dans une Algérie martyr.

— Je suis Heathcliff, s'écrie Cathy dans les Hauts de Hurlevent.

— Je suis les collines, s'écrie Philippa. La mer est mon amante. Oui, je me sens bien dans ces Downs qui me comprennent. Et j'oublie tout quand je suis au milieu d'elles[34].

J'ai retrouvé, chez Philippa, le même *ton* que chez les Brontë. Des poèmes mal fichus, écrits à la diable par un démon pressé de noter dans l'urgence, et *telles quelles*, les impressions qui se bousculent dans le vent ou l'orage. Le *daimon* ne veut pas perdre le plus précieux : la fugacité de la vision qui se trouve ou se perd. Du reste, il se gausse. Le poème peut être long, ou court, prendre ou pas l'allure narrative d'une succession d'actions ou d'émotions. Il y a d'interminables poèmes de l'instant.

En vers ou en prose, gémit l'Archange, qui est un Archange des villes et se promène dans la Nature avec autant d'effarement que le divin Platon dans les Enfers, en vers ou en prose elle ne sait pas *articuler*. Ses moyens sont limités parce qu'elle n'a pas de technique[35].

Ce trait n'est pas propre à Philippa. Visionnaires, les Powys ne savent pas articuler. Leurs essais ou leurs fictions ne sont pas construits, ou, chez Theodore, qui découvrit le premier que Philippa était une poétesse, si subtilement construits que la construction ne se voit pas. Nabokov, dans *La Méprise*, a copieusement raillé les ficelles romanesques que John Cowper, par

34. Llewelyn Powys, *Peau pour Peau,* op.cit. p. 84.
35. Louis Wilkinson, *Welsh Ambassadors,* op. cit., p. 20.

exemple, exploite à longueur de livres. Le héros fait ceci ou cela et *pendant ce temps-là* (*meanwhile*)...

L'Archange, qui polit sa prose, est incapable de comprendre que, chez les Powys, la technique soit défaillante à ce point, ce qui lui vaut un reproche cinglant de Llewelyn : une seule phrase d'imaginaire sauve un livre. Wilkinson est incapable de comprendre le paradoxe de l'écriture. Le vent, impalpable dans le monde, se palpe dans les phrases. Il y a des phrases qui palpent le vent. Et ce qui s'entend dans les phrases (ou dans les vers d'un poème) ce n'est pas le vent qui hurle, mais le vent que l'on n'entend pas. On n'entend vraiment que le vent que l'on n'entend pas.

Écoutons Philippa :

Souffle, Consolateur des prisonniers
Souffle ton désir de liberté
Souffle, que l'amertume des pensées qui montent
en chandelles
Soit mise en pièces

Ou Emily Brontë :

Pourquoi ai-je en horreur ce trou de verdure

Ou Anne :

Bien qu'aucun souffle n'entre ici
Je sais que libre et frais, le vent souffle dehors[36]

36. Emily & Anne Brontë, « Poèmes de Gondal », in *Juvenilia.*

Francis Powys, le fils de Theodore, dit que Philippa a laissé un journal tenu près d'un demi-siècle et une masse de manuscrits comportant des poèmes et plusieurs récits profondément romantiques[37].

Romantiques, les chevaux ? Peut-être, bien qu'ils aient de longues dents. L'Archange se rappelle la silhouette de Philippa à cheval. Qu'elle porte une jaquette, une robe, ou un vieil habit de cavalier des plus négligé, elle a l'air d'une grande dame.

« L'été arrive, écrit-elle à Llewelyn allongé à Clavadel. J'ai beaucoup à faire avec les canards et la volaille. Je suis très fière de nos canards[38]. »

En 1923, quand elle se rend en Amérique, Llewelyn admire la vivacité de ses reparties dans les soirées littéraires comme il a admiré la dextérité de ses mains, à la ferme de Montacute, quand elle trayait les vaches, assise sur un tabouret. Et sans doute faut-il être une aristocrate de haut rang (ou une haute putain) pour traire les vaches sans sombrer dans l'imagerie de l'accorte fermière ou de la bonne crème laiteuse.

Elle est ardente, négligée, tombe amoureuse d'un sureau au pied du cap Blanc-Nez. Elle aime le vent, les brutes, les hommes qui prennent les femmes « comme

37. Francis Powys, in *Cahier Granit*, op. cit., p. 322.
38. Cité par Malcolm Elwin, *The Life of Llewelyn Powys*, op.cit. p. 230.

le renard prend la renarde ». Francis Powys fait d'elle ce portrait : « Catherine, Edith, Philippa Powys était une véritable enfant des éléments. Rien ne lui plaisait plus qu'un orage, une bourrasque d'automne ou les pluies cinglantes de l'hiver. Elle aimait toute la nature, depuis les petits renardeaux roux sur la falaise jusqu'aux bœufs des hautes plaines qui, lorsqu'elle arpentait les collines, surgissaient comme des buffles à travers la plaine. C'était une fille impétueuse, belle, vive, aimante. Ce qu'elle savait, elle l'avait appris presque toute seule ou à travers ses frères et sa sœur Gertrude [...]. À Chydyok, elle pouvait monter à loisir ses chevaux Seagull et Joséphine, ou aller retrouver ses amis les chasseurs et les pêcheurs de Ringstead sur les collines et les sombres falaises[39].

Quand John Cowper écrit son poème *Dualité*, il avoue qu'il est divisible par deux. Philippa n'est divisible par rien. C'est un bloc. Elle a la sauvagerie, la rugosité des sœurs Brontë dans la lande. « Philippa venue de la mer, sinon Née dans la mer ! » lui écrit John Cowper. La sauvagerie de Philippa Powys est comparable à celle de Philippa Renshaw dans *Rodmoor*, dont le meilleur titre en français serait *Hurlemort* puisque le roman est dédié aux mânes d'Emily Brontë et que la véritable

39. *Cahier Granit*, op. cit., même page.

héroïne du livre est la mer du Nord, plus précisément le bruit réitéré des vagues qui hurlent à mort.

À sa manière perverse, John Cowper écrit une lettre à Philippa, où il déclare qu'il voit en elle son double féminin, avant d'ajouter que ce double est en réalité Nelly, sa sœur morte, avec laquelle il pouvait tout partager, y compris sa sensualité, alors que la perversité est la seule chose qu'il ne peut pas partager avec Philippa, et comme seule la perversité l'intéresse, alors[40]… Conscients des dons de Philippa (la seule poétesse de la famille, dit Theodore), les frères Powys l'exhortent à écrire.

Llewelyn : « Prends plume et papier, Katie et écris, écris, écris. Je te supplie de continuer régulièrement à écrire. Travaille dur, cherche les mots dans un dictionnaire[41]. »

Articuler. Construire. Llewelyn aussi manque de mots. Il pioche dans le dictionnaire étymologique de Skeats pour découvrir les mots importants tombés dans l'oubli.

Et John Cowper : « Écris, écris, écris Aigle de mer ! Écris avec une grande plume arrachée à ton aile puissante car toi, toi seule, peux écrire de tels livres[42]. »

40. Ibid., p. 327.
41. Cité par Malcolm Elwin, *The Life of Llewelyn Powys*, op. cit., p. 159.
42. *Cahier Granit*, op.cit. p. 322.

Écrire, écrire, écrire. Chercher les mots importants, ceux qui manquent toujours à l'appel. Qu'est-ce qu'un mot important ? Philippa n'en sait rien. Goéland, son cheval, galope. Naseaux trempés, crinière au vent. Quel est le vent qui souffle et que l'on n'entend pas ?

Au chardon mort, suivi de deux poèmes inédits

Chardon dressé comme un spectre assoupi
Quelle main sombre a tari ta sève ?
Solitaire, mais avec quelle superbe
Et quelle grâce suprême ta tête penche un peu.
La vie t'entoure de mille feux
Mais tu restes indifférent.
Tes pointes sont émoussées, tes tiges d'un noir terni,
Apparentes et raides, comme si Dieu t'avait choisi…
Prêtre de la vision lumineuse qui s'offre à toi,
Symbole de la mort dans le grand spectacle de la vie,
Si majestueux, si sombre, de si haute volée,
Vraiment triomphant, affrontant la mer,
Pendant que d'autres, pas toi, envoient voler leur duvet
Aux vents rapides qui s'approchent de tes tiges dénudées.

Philippa Powys, in *Driftwood* [« Bois mort »], Poems,
E. Lahr, Londres, 1930

Silencieuse, grave, la nuit recouvre
Le rat que j'ai tué aujourd'hui,
Le renard mort comme endormi dans ce bois,
Il fait sombre, mais le jour ne reviendra pas,
Seulement l'hébétude et le noir à jamais.

Pour nous, peut-être, la lumière semblable au matin
Préludant, pensions-nous, à un long été
Et à la course ronde des saisons qui reviennent.
Pour nous, peut-être, cette lumière : l'ultime aveuglement,
Le noir de la mort, le jour qui ne revient pas ?

« Ends all our month-long love in this »,
années 1930

Ici, au village où la glace est mince sur la mare,
Où le gel a blanchi l'herbe et pince les doigts sous les gants,
L'œil d'un idiot, peut-être, franchira
La mer dégelée, et c'est l'œil d'un idiot qui traîne.
Bloqués sur le Danube gelé, les Juifs doivent mourir,
Ici, les étoiles tremblent de froid dans un ciel gelé.

« A Hard Winter », années de guerre

Qui a fait ce rat ?

La romancière anglaise Sylvia Townsend Warner, qui admirait les livres de Theodore et fit des pieds et des mains pour les faire connaître, écrit : « Je me souviens de lui revenant d'une promenade plus tôt que d'habitude et paraissant troublé. Il me dit : « J'ai entendu un bruit dans la haie. Je me suis dit : ce n'est qu'un rat. Puis j'ai pensé : Qui a fait ce rat[43] ? »

Si la plupart des Powys voyagent – Willie s'établit au Kenya comme éleveur de moutons, John Cowper et Llewelyn parcourent l'Amérique, Marian ouvre une boutique de dentelles à New York – Theodore ne bouge pas du Dorset. Immobile, il passe sa vie dans le village d'East Chaldon qui, dans ses livres, prend le nom de Dodder ou de Madder, de Madder-de-Dieu ou de Madder-aux-Filles. On retrouve, au fil des récits, dans les mêmes lieux, les mêmes personnages. Minnie Cuddy dans le cottage de l'Amour, la méchante Nelly, le fermier Mew, Mr. Solly qui, voyant une petite fille entrer dans son jardin, se barricade contre l'amour, Mr. Hayhoe, le pasteur, et Jar le rétameur, ce vagabond qui arpente la Colline de Madder. En visite au village, John la Mort, qui a égaré son ordre de mission, batifole

43. Cité par R. P. Graves, *The Brothers Powys*, Routledge & Kegan, Londres, 1983, p. 172.

avec les filles et, pour tuer le temps, à l'auberge joue des airs avec sa faux. Il arrive aussi que Mr. Weston et son chauffeur, l'archange Saint Michel, fassent une tournée de bon vin.

Araignée immobile au centre de la toile, Theodore attend. Il guette sa proie. Rêve-t-il comme Mr. Bugby d'effrayer les filles à mort ?

— Le cognac, dit Mr. Bugby, est une boisson qui r'monte quand on est un pauvre homme lié à une vieille toupie. Et une fille avec des ch'veux frisés et un p'tit lacet sur le corsage qui s'déchire facilement, c'est une rudement bonne boisson aussi[44].

Philosophe, comme Theodore qui a lu Nietzsche avec profit, Mr. Bugby l'est aussi.

« Une fille qui, court, si c'est une vraie fille, c'est qu'elle a envie de Mr. Bugby[45]. »

Theodore rêve-t-il d'effrayer les filles ? Ou de se faire peur à lui-même ? Ou d'effrayer à mort quelqu'un ? Quelle est la mouche qu'il attend au centre de sa toile ?

« Jamais depuis qu'il avait atteint l'âge de raison, écrit Llewelyn, mon frère Theodore n'aurait un seul instant donné fût-ce une graine de tournesol pour la

44. Theodore Francis Powys, *Innocent Birds* 1926, Londres, Chatto & Windus, 1926. Trad. fr. : *Mr. Bugby fait peur aux oiseaux*, Jean-Cyrille Godefroy, 1983.
45. Ibid.

vie matérielle et agitée du monde occidental [...], il ressemble au chasseur qui aurait déserté une chasse au faisan pour descendre dans les marais tirer la bécassine. C'est un oiseau vraiment sauvage qu'il chasse, un oiseau qui vole en zigzags. Il chasse Dieu[46] ! »

La mouche que Theodore guette, c'est Dieu. « Theodore et Llewelyn semblent être faits d'un bois solide, écrit John Cowper. L'un d'épine noire, l'autre d'aubépine[47]. » Theodore, épine noire dans le pied de Dieu, manie le sarcasme de manière inimitable.

Se promenant un jour avec Llewelyn sur la lande d'Egdon, il dit : « J'aime la longue herbe pâle de cette terre des Downs. Elle ressemble à la curieuse chevelure de certaines vieilles femmes. Elle n'est jamais broutée. En été, je m'y roule souvent. » Puis il ajoute, tandis qu'une expression d'ironie curieuse envahit ses traits de gobelin : « Ce n'est pas dans Thomas Hardy qu'on trouverait une description de la lande par un jour pareil. » Pour enfin conclure : « Hardy n'attaque jamais Dieu en face. Toutes ses saillies sont dirigées derrière son dos. Mais peut-être que Dieu ne lui a jamais montré que son dos[48]. »

Llewelyn cite cette remarque dans l'édition américaine de *Peau pour Peau*. À Max Gate, la veuve de Thomas

46. Llewelyn Powys, *Peau pour Peau*, op. cit.,
47. John Cowper Powys, *Autobiographie*, op. cit., p. 478.
48. Llewelyn Powys, *Peau pour Peau*, op. cit., p. 74.

Hardy pique une crise. Llewelyn censure le passage dans l'édition anglaise, écrit une lettre d'excuse, reçoit l'absolution.

— Dehors les chats, dit Theodore[49].

Quand il est au désespoir et qu'on le croise, écrit Llewelyn, « sa longue lèvre supérieure prend une expression d'accablement si complet qu'on ne peut que retenir son souffle comme si on venait de croiser l'Iscariote, corde en main, se dirigeant vers le sureau[50] ».

De la même façon qu'il inflige au langage un traitement particulier en l'appauvrissant par le patois et en le bardant d'assonances (« *Be what I be, I be Bugby with a liking* »), il a une façon particulière de parler qui témoigne de la mise entre parenthèses des êtres et des choses. Parlant de l'Archange[51], il dit : « Cet Archange aime que son bifteck soit à peine saisi. » Ou : « Cet Archange a peur des vaches. » Ou encore : « Cet Archange porte une ceinture de flanelle[52]. » Une curieuse façon de parler de sa famille en se mettant à distance grâce à l'art de laisser les phrases en suspens.

49. Ibid., p. 73
50. Ibid. p. 80.
51. Rappelons qu'il s'agit de Louis Wilkinson, seul « étranger » admis à la table des Powys. Surnommé l'Archange par Theodore.
52. John Cowper Powys, *Autobiographie*, op.cit., p. 242.

— Bien sûr, dit-il à l'Archange, quand les membres d'une famille se haïssent autant que nous… Mon père, bon, évidemment… Mes frères… Mon frère John, il a ses trois femmes et il n'en tire pas grand-chose…

— Quelles trois femmes ? demande l'Archange.

— La sienne et ses deux servantes.

« Si je suis anti-narcissique, écrit John Cowper, que peut bien avoir été Theodore quand, en certaine occasion où il fut obligé de parler de sa barbe, il ne dit pas "ma barbe", mais "cette barbe". Mahométan, sa version de "Par la barbe du Prophète" serait "Par *cette* barbe de *votre* Prophète". » Le même tour le pousse à se détacher même de ses écrivains favoris, à toujours parler de Nietzsche, par exemple, en disant : « cet Allemand[53] ».

Il a une longue lèvre supérieure, des yeux gris tragiques. On le voit, tournant le dos au monde, sous un canotier disparaître dans les haies. Si ses livres ne se vendent pas (« *Mark Only*[54], écrit-il, m'a rapporté sept shillings de droits d'auteur »), il a un palais infaillible pour le vin. Avoue un penchant pour la confiture de prunes. « Quand il n'est pas satisfait, écrit-il à Wilkinson, je deviens mélancolique et triste comme un démon. Quant à mon génie – Dieu a rendu

53. Ibid.

54. Theodore Francis Powys, *Mark Only,* Chatto & Windus, Londres, 1924.

le Diable riche – je l'échangerais volontiers contre quelques bonnes livres de beurre anglais[55]. »

Parlant de ses parents à ses frères et sœurs, il ne dit pas « notre père » ou « notre mère », ou bien « père » ou « mère », mais « ton père » ou « ta mère ». « Ta mère dit que nous sommes très heureux ici », écrit-il à John Cowper. Et à l'Archange : « Quand elle parle de moi c'est généralement avec un soupir. »

Un jour, en mai 1911, Theodore se promène dans les environs de Montacute avec John Cowper, Llewelyn et l'Archange. John a mal à l'orteil.

— Lequel de nous trois préférerais-tu avoir comme Dieu ? demande John à son plus jeune frère.

— Louis, répond Llewelyn, parce qu'il est si moral et si juste.

— Bonté divine, s'écrie John. Pense à son antipathie pour la nature[56].

À la fin de la fameuse promenade, Theodore écrit à sa mère : « Ma très chère mère, j'ai été très content de vous voir. Je suis navré que Jack ait eu mal à l'orteil, mais si cet orteil avait été en bon état, il serait peut-être tombé dans un bourbier ou un mauvais lieu[57]. »

55. Louis Marlow, *Welsh Ambassadors,* op.cit.
56. Llewelyn Powys, *Peau pour Peau,* op.cit.
57. Ibid.

Si l'un des livres obscènes qu'affectionne John Cowper a pour titre *Les Plaisirs de Tibère*, le livre obscène qu'affectionne Theodore a pour titre la Bible. La Bible est le mauvais livre de Theodore, qui s'en sert d'une façon très particulière, car il croit que la Bible a été écrite à l'intention des habitants d'East Chaldon. Ainsi, ses livres, qui sont tous négateurs, sont moins des allégories que des paraboles inversées. Quelle lubie a bien pu traverser la cervelle du créateur pour qu'il ait créé un monde aussi délirant ? Telle est la question qui ne cesse de turlupiner Theodore. Dieu, quand il ne lorgne pas les petites filles (ce qui arrive rarement) a la forme d'un galet rond et blanc.

— À utiliser, dit T. F. Powys, quand je ne repriserai pas les chaussettes.

John Purdy et les vagues

Un vent frais soufflait quand John Purdy atteignit la mer. Le soleil étincelait sur les eaux bleues et John s'assit sur les galets humides à moins d'un mètre ou deux des vagues.

Il en avait compté quinze cent – le nombre magique auquel l'ange était parvenu quand il avait mesuré avec sa baguette la Cité de l'Agneau – lorsqu'il se produisit une chose étrange. Les vagues se mirent à parler. Pas l'une après l'autre, mais comme d'une seule voix, et ce qu'elles disaient n'était pas facile à comprendre car les mots étaient semblables au bruit qu'elles faisaient habituellement en s'écrasant. Mais John Purdy, qui avait l'esprit vif, fut bientôt capable de comprendre ce qu'elles disaient.

D'abord elles parurent un peu en colère, comme si John, en tentant de les compter, leur avait déplu.

— Ah ! Ah ! murmurèrent-elles, tu espérais nous plaire en nous comptant mais, même si tu t'es trompé, nous persistons à croire que tu es un très grand mathématicien car tu n'aurais jamais souhaité t'atteler à cette tâche qui est sans fin.

— Je souhaitais seulement être heureux, répondit John, et comme Mary ne voulait pas me laisser compter ses cheveux…

— Pauvre comparaison, grommelèrent les vagues.

— Mais non, répondit John, car les eaux jadis couvraient la terre comme les cheveux de Mary, bien que je vous l'assure, j'avais d'abord pensé compter les rats.

T. F. Powys, « John Purdy et les vagues », in *Fables*,
Chatto & Windus, Londres, 1929

Négation et Suspens

« Écris, écris, écris, Aigle de mer ! »

Écrire, certes, mais quoi ? Si je devais écrire sur les Powys, ces oiseaux d'or, il me semble que je commencerais par un discours de la méthode afin de ne pas être étouffé par la masse de commentaires de plus ou moins haute volée, qui pèsent sur les œuvres et les recouvrent d'un couvercle.

Dylan Thomas se roulait par terre quand quelqu'un se mettait en tête d'interpréter ses poèmes et je ne crois pas que l'on aille bien loin en suivant le fil d'une critique interprétative, fût-elle d'inspiration psychanalytique. Diane de Margerie – éditrice avec François Xavier Jaujard d'un formidable *Cahier Granit* sur John Cowper Powys – s'est amusée à compter le nombre de fois où revient le mot *blanc* dans le poème intitulé « Blancheur ». « Le mot *blanc*, écrit-elle, ne surgit pas moins de seize fois dans les cinq strophes qui le composent ; tout ce qui s'y trouve nommé rappelle la couleur à la fois virginale et mortelle : le marbre, la mort, la lune, le sable, l'argent, et exclut le rouge évocateur de sang. » A-t-elle, par ce travail, avancé d'un pas dans la connaissance de l'œuvre ? À mon avis, non. Que la couleur rouge soit évocatrice de sang, on le sait. Que la couleur blanche évoque la virginité ou la mort, on le sait aussi.

La blancheur, cependant, ne se laisse pas réduire à une telle symbolique. L'ours blanc est le plus terrible des ours, le loup blanc le plus féroce des loups, le requin blanc le plus vorace des requins. Le blanc n'est pas seulement absence de couleur, il se manifeste comme présence. Une présence terrible (« Tout ange est d'angoisse »), féroce, vorace. Quel est le plus terrible, le plus vorace, le plus féroce des Powys ?

Qu'elle soit associative, qu'elle se raccroche à l'imaginaire des symboles ou qu'elle devienne comptable – on peut s'amuser à compter les clochers dans la *Recherche du temps perdu*, le nombre d'apparitions de Jar le Rétameur dans les récits de Theodore ou se demander pourquoi les *Figures* de Genette ont pris des rides – la critique s'envole ou touche le fond. Elle passe à côté de son objet. Là, lecteur, tu m'attends au tournant.

— Quel est donc l'objet de la critique ?

— Un discours de la méthode ou une méditation sur la fonction du récit.

Non sur ce qu'il signifie – je n'en sais rien, je ne sais pas ce qu'il y a dans la tête de Theodore ou dans celle de John Cowper, je ne sais pas si ce sont des têtes bien ou mal faites et je n'ai pas la prétention de le savoir, n'étant pas non plus « le ver lové dans le cerveau du Démogorgon » – mais sur la façon dont il fonctionne.

Non sur son contenu, manifeste ou latent, mais sur son utilité. En d'autres termes : à quoi sert-il ? Réponse : soit à nier, soit à suspendre. Ou, pour le dire autrement : à quel drôle d'oiseau avons-nous affaire ? À un négateur ou à un dénégateur ?

Dans sa *Présentation de Sacher Masoch*[58], Deleuze démontre l'inanité du mot sadomasochisme. Il faut savoir de quoi on parle. Ne pas confondre la négation et le suspens. Le négatif et le suspensif. Prenons le récit et supposons qu'il ait un côté pile et un côté face. Quelle est sa fonction ? Soit une fonction rationalisante de négation (Tels sont les récits de Theodore, de Llewelyn, les poèmes et les récits de Philippa) soit une fonction dialectique irrationalisante de retournement et de dédoublement – dit Deleuze – (et on tient là, côté pile, le « portrait » des récits de John Cowper).

Apparaissent, sous cet angle, la *singularité* de l'aîné des Powys et la force du reproche que Llewelyn lui adresse : insincérité spirituelle. Theodore et Llewelyn sont des négateurs, John Cowper, un dénégateur. Entre la négation et le suspens, un monde. La question tourne évidemment autour du « sadisme » ou du « masochisme » de John Cowper, question que se posent tous les lecteurs de l'*Autobiographie* – qui se

58. Gilles Deleuze, *Présentation de Sacher Masoch*, Éditions de Minuit, 1967.

veut « sincère », tellement sincère qu'en sont omis tous les noms des femmes exceptés ceux des putains – question qui tourne dans la tête de l'Archange, soucieux d'épingler correctement cet étrange papillon et de lui coller, dans la boîte, l'étiquette qui convient. Mais on n'épingle pas un simulateur, pas plus que les amateurs de papillons, au début du siècle dernier, n'épinglèrent cette célébrité de l'entomologie qui leur vendait une fortune des spécimens hermaphrodites qu'il fabriquait en coupant en deux, vivants, un papillon mâle et un papillon femelle dont il collait les moitiés.

« Mon âme, écrit John Cowper, est celle de ma mère et celle que je possède, c'est sans aucun doute un anti-narcissisme de maniaque dont la malignité se retourne contre moi. Louis (Wilkinson) se trompe tout à fait quand il donne à cette attitude la facile étiquette de masochisme. Ces choses-là sont plus subtiles. C'est de l'auto-sadisme mélangé à autre chose que je ne saurais définir[59]. »

Auto-sadisme, cela vaut le détour, comme valaient le détour, les « collages » de papillons hermaphrodites. Cela vaut à John Cowper, dans Greenwich Avenue, le *mépris* d'un Llewelyn exaspéré. Portrait de l'Artiste en acteur, en méduse, en vieille demoiselle tatillonne.

59. John Cowper Powys, *Autobiographie*, op. cit.

Portrait clairement lisible dans cette lettre à Wilkinson : « Je suis un acteur né, au sens *spirituel* [...] je peux devenir tous ceux que je lis ou que je rencontre et me perdre dans tout ce que je vois [...] je suis devenu une brume *en suspens* – c'est moi qui souligne – qui traverse toute chose pour se dissoudre dans l'extase à l'intérieur de tout[60]. »

Telle est la fonction irrationalisante que John Cowper, homme du suspens, assigne au récit et telle est sa force persuasive. Il débouche toujours sur la chasteté, cet idéal de l'imagination pure qu'il appelle sa *Mythologie.* Si le passé a une telle force dans ses récits et si ses poèmes s'étalent comme une complainte ou une litanie, c'est que, par essence, le passé est ce qui est en suspens dans la mémoire, ce qui ne peut plus s'accomplir. Déjà accompli, le passé a perdu toute fonction rationnelle de négation. Sa fonction n'est pas de nier, mais de dénier. Il s'affirme comme déni de réalité. Il est le bras armé d'une fonction dialectique au service de la persuasion : faire comme si, *faire croire que* l'illusion est réelle.

Pas de suspens chez Theodore, pas de suspens chez Llewelyn. Rien que de la négation. Des idées, pas un idéal. Une démonstration qui devient, chez Theodore,

60. John Cowper Powys, « Lettres à Louis Wilkinson », trad. Odile de Lalain, *Cahier Granit*, op. cit., p. 343.

une idée délirante de la raison pure : la Bible a été écrite pour les habitants d'East Chaldon. La Mort, pour lui, n'a pas d'ordre de mission, elle vient lui rendre visite. Si Theodore chasse Dieu, s'il le guette, ce n'est pas que Dieu soit une proie plus importante que les autres. L'important, c'est la proie. Ou, plus exactement, *l'occasion* que procure la proie. *Innocent Birds*, que j'ai traduit en Français sous le titre *M. Bugby fait peur aux oiseaux*[61], est exemplaire à ce sujet. De même que M. Bugby qui est, dans le récit, tour à tour caché et montré, cherche une proie, la fille qu'il va effrayer à mort, de même Theodore, qui se cache et se montre derrière M. Bugby, guette la proie qu'il va dévorer, Dieu, qui a permis que M. Bugby soit ce qu'il est.

Question d'occasion, de *kairos*. M. Bugby attend l'occasion d'effrayer une fille à mort, Theodore l'occasion de faire peur à Dieu, de l'effrayer à mort. Répéter, condenser, accélérer, tels sont les maîtres-mots du récit, qui n'est lui-même qu'un *kairos*, l'occasion de montrer, ou de cacher, tel ou tel personnage, tel ou tel accroc, tel ou tel petit travers de Dieu (particulièrement celui de lorgner les très jeunes filles) en décrivant des actions, quantitativement ou qualitativement répétées, avec un détachement et une froideur cruels.

61. Theodore Francis Powys, *M. Bugby fait peur aux oiseaux*, op. cit.

John Cowper disait qu'il ne pouvait pas lire certains passages des livres de Theodore (par exemple le viol de Polly par M. Bugby vu par les yeux d'une araignée) et qu'il se bouchait les oreilles quand Llewelyn racontait en détail des scènes cruelles. Ce dernier ne lésine pas sur la torture d'un faucon à gorge blanche et, dans son journal, décrit avec un détachement absolu le cadavre de sa mère.

Llewelyn, comme Theodore, est un négateur. Ses récits illustrent parfaitement la fonction rationalisante de négation. Particulièrement ses récits d'Afrique où se répète, se condense et s'accentue le contraste des couleurs. Les instantanés de Theodore sont du noir et blanc. Ceux de Llewelyn, du noir et blanc en technicolor. Ils accentuent l'impression de malaise ou de fausseté que donne la couleur. Si l'apologie des sens de John Cowper, imaginative et dialectique, sonne juste, celle de Llewelyn, réaliste et rationnelle, sonne faux.

C'est qu'il y a ici une double négation. Négation banale de l'hypocrisie des mœurs édouardiennes et du refoulement de la sexualité, négation acharnée, poussée jusqu'au délire, de la réalité de la maladie (*Will I die, Daddy Jack ?*). Toute sa vie, Lulu s'acharne à nier la tuberculose, mortelle de son temps. Il écrit ainsi *Love and Death* dont la fonction de négation est double. Nier la réalité de la maladie par l'évocation d'un premier amour. Nier que cet amour appartienne au passé en le mettant au présent, ce qui est la seule façon de nier le mal, de le *faire reculer*. Il n'y a pas de place pour deux. Tantôt la Mort occupe toute la place, tantôt l'Amour.

Llewelyn Powys n'est pas le simple chantre d'une sensualité champêtre. Il est moins du côté d'Épicure que du côté d'Aristippe. Comme on le blâmait de ne pas s'être irrité, un jour que Denys lui avait craché au visage, Aristippe répondit : « Les pêcheurs, pour prendre un goujon, se laissent bien mouiller par la mer et moi qui veux prendre une baleine, ne supporterais pas un crachat[62]. »

La baleine que veut prendre Llewelyn Powys est la tuberculose. Il est prêt pour cela à essuyer tous les crachats. Ses récits sont des fonctions démonstratives rationalisantes de négation. Des crachats à la face de la maladie. Des idées délirantes de la raison pure.

Et Philippa…

— Phillipa ?

— Elle galope sur les Downs.

— Oui, mais encore ?

— Je ne sais pas. Qui écrira un livre sur les sœurs Powys ?

62. Diogène Laerce, *Aristippe de Cyrène*, in *Vies, doctrines et sentences des philosophes illustres,* Garnier-Flammarion, 1965.

IV

John Cowper, prince de Galles

à François Xavier Jaujard

Si je me rappelle mon hérétique jeunesse (versant universitaire), je revois le visage de Ferdinand Alquié, qui fut surréaliste, parlant de la robe de chambre de Descartes avec un accent marseillais à couper au couteau, et une telle madrerie dans le ton que l'on avait l'impression que les braises, dans le poêle du philosophe, étaient devenues aussi rouges que les yeux du Malin Génie. Je revois Jean Wahl, minuscule dans un immense amphithéâtre, commençant son cours sur Heidegger en français, le poursuivant en allemand et l'achevant en enfilant des citations du *Parménide* en grec, si bien que l'involontaire torsion des langues soulignait de façon saisissante quelque chose qui ressemblait à la torsion de la pensée, à ce moment où la pensée n'apparaît plus guère possible, tant est vive la tension à laquelle elle est soumise.

Et c'est cette impression-là que j'ai retrouvée dès que j'ai commencé à lire John Cowper Powys. L'impression d'un auteur frappé d'une inaptitude radicale à penser. Je veux dire d'une aptitude exceptionnelle à mettre en question tous les ingrédients de la pensée telle qu'elle est conçue depuis Aristote, à la pourrir, à la pervertir, à la défigurer jusqu'à ce qu'il n'en reste que d'insanes lambeaux, un brouillard humide et lourd, jaunâtre, flottant bas au-dessus de « la collante ténacité de la terre, douce, mouillée et perfide, qui suce, aspire, dévore et absorbe[1] ».

Telle est la « pensée » de John Cowper Powys en ses maints romans dérélictueux, travestie en illusion vitale ou en mythologie, une chose poisseuse, issue d'un placenta sanguinolent, subhumain, un placenta cosmologique, gluant d'algues et d'animalcules, de mousses, de lichens, de fleurs décolorées, de géants et de nains, gluant d'atavismes, de monstres ou de demi-monstres, de dieux-cadavres, un bric-à-brac semblable à un estomac de baleine, qui démontre que la vie n'est qu'un conte furieux, un guignol sur la plage, un décor (avec clown) pour sombre rêverie.

Les héros de Powys ? Tous les mêmes, ils se nomment *No Man*, comme Ulysse. Tous ont la même obsession : l'échec ou la mort. Tous ont le sperme aussi laiteux que

1. John Cowper Powys, *Wood and Stone*, G. Arnold Shaw, New York, 1915. Trad. fr. de Patrick Reumaux, *Bois et Pierre*, Le Bruit du temps, à paraître en 2023.

la voie lactée, un lait froid, et s'affrontent à des Circé androgynes qui, comme la terre du cimetière de Nevilton, sucent, aspirent, dévorent, et mentalement flagellent, absorbent… des magiciennes qui ne répondent à aucun sexe, qui n'ont également d'autre nom que Personne (*No Woman*) et c'est de cette confrontation de Personne à Personne que surgit l'impensable pensée de Powys, une chose capable « de transformer Homère en clavecin et Platon en pianola[2] ».

Il y a autant de science que de démiurgie dans cet univers, par certains traits comparable à celui d'Anaxagore, qui prétendait que la neige était sombre comme l'eau dont elle était formée, qui parlait des mélanges, expliquait la voie lactée « poursuivant le solitaire sentier de ses pensées avec l'inconsciente témérité d'un somnambule[3] », mettait en mouvement la pensée et voyait sourdre du sang dans les veines des feuilles.

Telle est en partie forgée la cosmologie de Powys. Et les mélanges floraux qu'il propose ne sont pas autre chose que les fragments d'une botanique délirante. La

2. John Cowper Powys, *Maiden Castle*, Simon & Shuster, New York, 1936. Tr. fr. de Marie Canavaggia, *Camp retranché*, Grasset, Paris, 1967.
3. Theodore Gomperz, *Les Penseurs de la Grèce*, t. 1, Félix Alcan, Paris, 1904.

description qu'il donne du pavot cornu dans *Rodmoor* a de quoi faire se retourner dans sa tombe le baron von Linné, qui s'agenouilla devant une touffe d'ajoncs en fleurs et nomma *Hammarbya paludosa* une orchidée pas plus haute qu'une allumette en l'honneur de la ville d'Hammarby où il avait une résidence d'été.

Un démiurge, mais lequel ? L'inexorable *fatum* qui régit l'univers powysien fait penser à l'armature inexorable de la substance spinoziste, d'où l'homme est tiré comme une excroissance, un mode, un pantin qui s'agite, contrarié dans ses choix comme l'âne de Buridan. Mais il faudrait imaginer un Spinoza désireux de prouver en même temps le contraire de sa thèse, désireux de prouver que la substance dont il parle n'est qu'un accident, un fétu de paille emporté dans un tourbillon de mélanges, de mutations, de sauts de puce d'un soleil à l'autre, d'étincelles sur les vagues dont le mouvement est issu de la perpétuelle immobilité de leur *réitération*.

Une cosmologie dévoyée, telle est la cosmologie de Powys. Une réponse inépuisable, la réponse de la mer du Nord à l'orthodoxie du géniteur du monde selon la Bible, et à celle de son propre géniteur, le Révérend Powys, dont on connaît quelques-unes des phrases les plus remarquables : « Il fait beau, ce soir, ne trouvez-vous pas ? »

Dire que la psychanalyse est l'une des clés qui permettrait de mieux saisir l'univers de Powys, c'est enfoncer une porte ouverte, car c'est bien là un univers où il n'y a guère de serrures. Image du père, inceste, sadomasochisme, autres babioles explicites ou implicites. L'élucidation du ça powysien n'offre à mes yeux aucun intérêt particulier. Beau sujet de thèse, sans doute, mais destiné, œdipiennement, à aller là où vont la plupart des thèses : à la cave.

Si, tout au long de sa vie terrée, la Bible est le clavier sur lequel joue Theodore Francis Powys, le frère cadet, se tenant tel un dieu-araignée au centre de la toile du monde – au village d'East Chaldon, dans le Dorset – Homère me semble être le clavier sur lequel joue John Cowper, tout au long de sa vie longtemps errante. Ce Powys-là est sensible à la fois aux figures héroïques et à la toile de fond – l'épopée – sur laquelle elles se détachent. À ce titre, il me semble qu'*Owen Glendower* est un roman épique avant d'être un roman historique.

Il est moins construit sur une succession ou un enchaînement d'événements – encore que cette succession et cet enchaînement existent – que brodé comme une tapisserie médiévale dont les laines colorées sont tour à tour avivées par la lumière des torches ou plongées dans l'ombre lorsque les braises meurent et que les feux s'éteignent. Ne subsistent alors que quelques lueurs terrifiantes : une tresse rouge de sang, une épaule percée d'une flèche, un mort-vivant dans un arbre, une femme jouissant contre un homme aux mains liées, une naine à la barbiche pourpre, un roi-cadavre en armure, une âme lancée au loin sur les vagues pour tenir compagnie à un harle.

Tel est le point dont est tissée la tapisserie quand les lumières vacillent ou meurent : « sombre, sombre, sombre, la vie des vivants et la vie des morts[4]. » Quand elles se rallument apparaît la toile, en apparence plus classique : la révolte d'Owen Glendower, qui se proclame prince de Galles, contre Henry de Lancastre, usurpateur du trône d'Angleterre. Avec soulèvement paysan, chevaliers en armure, lance sur feutre, combats, ripailles, bouffons et nains, sur fond d'hérésie et d'odeur de bûcher.

Mais les lumières ne s'allument jamais longtemps. Très vite, elles clignotent, faussant la belle ordonnance de la toile (le roman historique) qui n'a d'historique que le nom. Les actions se chevauchent, mais les chevaliers ne chevauchent plus. Les arcs se bandent, mais les flèches ne partent pas. À tout instant, les choses se figent.

4. John Cowper Powys, *Owen Glendower*, The Bodley Head, London, 1941. Tr. fr. et préface de Patrick Reumaux, Phébus, 1971.

Au lieu de se précipiter en cascade dans le temps historique, elles se ralentissent ou s'arrêtent dans le temps mythologique. Elles ne sont plus que les représentations immobiles, le *spectacle* que se donne Merlin, enfermé à jamais dans sa chambre merveilleuse par le sortilège de la demoiselle Nynève.

Elles ne sont plus que la représentation intemporelle de l'âme d'Owen errant sur les flots, éternellement capable de réitérer son vol, comme les vagues réitèrent leur bruit, pour se percher sur l'arbre creux où Owen a temporellement précipité son ennemi afin de contempler, *sub specie aeternitatis*, son agonie.

C'est en ce sens, me semble-t-il, que le celtisme du roman n'est pas un oripeau de plus. Car, à y regarder de près, on s'aperçoit qu'avec tout le déploiement de l'attirail historique, cela commence à faire beaucoup. Et cela d'autant plus que Powys se moque éperdument des anachronismes, enchaîne phrase après phrase sans se soucier des transitions, se fiche des redondances et des chevilles de langage comme de sa première chemise, ainsi que des problèmes que sa syntaxe pourrait poser à ses traducteurs – ce en quoi je lui donne parfaitement raison.

L'élément celtique n'est pas autre chose que l'une des facettes ou l'une des incarnations possibles de l'invisible. Car c'est à l'invisible que Powys s'intéresse en priorité. On pourrait comparer la construction du roman à un épervier lancé par un pêcheur insatisfait, examinant ses prises d'un œil de plus en plus exigeant. Lançant et relançant sans cesse un filet aux mailles serrées pour ramener sur le rivage des prises presque impondérables.

J'ai parlé d'une tapisserie. Jamais les brins de laine avivés ne sont plus réels que lorsque l'éclairage est le plus sombre, c'est-à-dire le plus irréel. Dans les dernières lueurs vacillantes apparaissent des fragments irrécusables. Fragments de corps ou fragments d'âme, fragments de peau, tendons, muscles, impressions croquées vives avant « la monochromie anonyme de la poussière ».

V

LULUISER LA VIE

Tous ceux qui l'ont connu, Louis Wilkinson, Bernie O'Neill, en Amérique Theodore Dreiser, Eugène Boissevain, Edna Saint-Vincent Millay – sans parler de ses frères – ont fait de Llewelyn un portrait apollinien. « Lulu, écrit John Cowper, rayonnait littéralement d'une exultation solaire qui évoquait l'exubérance des immortels [...]. Il buvait la vie à longs traits au point de tituber dans les vapeurs matinales de la Création[1]. »

Changeant le plomb en or, il « luluise » tout ce qui l'entoure. Associant chaque scène, chaque incident à des émotions personnelles, il se sert de la vue, du toucher, du goût, de l'ouïe, de l'odorat, il se sert des cinq sens pour luluiser la vie. À ce jeune homme des bosquets et des champs, on accorde l'immortalité. Le monde entier peut tomber malade, pas lui. Or c'est lui qui tombe malade. La tuberculose est au

1. John Cowper Powys, *Autobiographie,* op. cit. p. 314.

centre de la vie de Lulu. De la première attaque, en décembre 1909, le 2, jusqu'à sa mort, le 2 décembre 1939, la trajectoire part du sanatorium de Clavadel, en Suisse, près de Davos Platz, et s'achève au sanatorium de Clavadel.

Dans l'intervalle, il passe cinq années en Afrique, chez son frère Willie et cinq années en Amérique, où il écrit pour des journaux et fait des tournées de conférences avec John Cowper, avant de revenir et Angleterre et de s'installer à Chydyok, près de sa sœur Philippa, où il écrit *Souvenirs Terrestres*[2] ainsi que des essais sur le Dorset et le Somerset[3].

En 1921, à New York, il rencontre Alyse Gregory, qui deviendra sa femme. Elle a une écriture cérébrale, une écriture d'araignée qui lui rappelle celle d'Oscar Wilde (il a vu les lettres écrites à l'Archange, Louis Wilkinson, par cet Ange déchu). Il décrit ainsi Alyse lors de leur première rencontre : « Je fus frappé par l'équilibre, l'intensité intellectuelle, la liberté envers toute opinion préconçue – comme celle d'un enfant intouché par la vie – de mon hôtesse délicatement ironique dont les bras blancs et ronds me parurent alors, tandis que je les regardais à la lumière vacillante

2. *Souvenirs Terrestres*, trad. Patrick Reumaux, Isolato, 2012.
3. *Dorset Essays*, John Lane, The Bodley Head, Londres, 1935 ; *Somerset Essays*, même éditeur, 1937.

du feu de charbon, aussi délectables qu'un festin de lait, et dont les beaux cheveux arrangés de façon à cacher plus possible le volume d'un front trop bombé me parurent d'une texture plus fine que ceux de la belle châtelaine qui, il y a si longtemps, s'asseyait sous les houx étincelants de Bretagne[4] ! »

Avec la maladie, la vie de Llewelyn s'effondre. Il arrive à Clavadel en décembre. John Cowper vient lui rendre visite en avril. Quand Jack a vu ce qu'était Davos, combien lugubres étaient les rues poussiéreuses, les balcons miteux et décolorés, les patients allongés, il a été rempli de pitié et d'une grande horreur : « Pouah, s'exclama-t-il, il ne manquerait plus que de voir Jésus marcher à travers ces rues, suivi à quelques pas de ses disciples barbus et vénérables, débattant un point délicat de théologie[5] ! »

On ne discute pas théologie à Clavadel, on meurt. On ne lutte pas pour ne pas mourir. Le journal de Lulu en témoigne, s'il est besoin. Il témoigne aussi de l'exaspération des sens à l'approche de la mort.

Ardent défenseur de la vérité des sens, Llewelyn Powys l'est moins à la manière d'Épicure ou de Lucrèce qu'à celle d'Aristippe de Cyrène, sur lequel il écrit un essai : « La pensée des Cyrénaïques devint

4. Cité par Malcolm Elwin, *The life of Llewelyn Powys,* op. cit.
5. Ibid., p. 35.

aussi légère que l'air campagnard qu'ils respiraient, aussi légère que cet air merveilleux et raréfié, qui passait pour nourrir et purifier la toison des moutons, dont la laine était incomparable, et qui avait aussi, disait-on, la vertu de féconder les juments : alertées par le moindre bruissement d'un lézard vert, elles faisaient face à la brise de ces hauts pâturages, les narines frémissantes, miraculeusement réceptives à un souffle si vital[6]. »

Aussi légères que les juments de Cyrène sont les belles femmes poitrinaires qui peuplent le sana. L'ambiance est électrique, l'air chargé d'effluves sensuels. L'Amour, la Mort. Lulu tombe amoureux d'une jeune femme de Newcastle, Jenny, et se lie d'amitié avec un aristocrate hongrois extravagant, le Dr Zenda. « Je suis mourant ! » s'écrie le Hongrois en tirant sur un énorme cigare. » Puis il ajoute : « Ne confiez jamais vos amours à quelqu'un d'autre. Je ne parle jamais aux femmes par plaisir intellectuel. Elles ont toujours le sexe en tête. Ou elles font des avances, ou elles s'enfuient effarouchées, et je ne peux pas me promener avec une pancarte autour du cou disant MALADE ET IMPUISSANT, afin de les décourager ou de les rassurer[7].

6. Llewlyn Powys, « Aristippe », dans *Des Rats dans la Sacristie*, Isolato, Paris, 2008, p. 53.
7. Louis Wilkinson, *Welsh Ambassadors,* op. cit.

La « petite dame blanche » a les yeux gris-bleu. Elle est très maigre, très malade et très amoureuse. « Chaque fois que je l'embrasse, note Lulu, je risque ma vie. » Quand il garde le lit, elle vient le voir dans sa chambre, « fraîche et charmante sa robe de mousseline blanche, les joues chaudes, les yeux rieurs, des mains blanches et délicates, des volants, des dentelles, et des roses rouges, des roses rouges[8] ».

Ou c'est lui qui lui rend visite : « J'embrassais avec ardeur ce joli sac d'os, respirant l'odeur de son corps, enfouissant la tête entre les seins délicieusement ronds qui protégeaient la pauvre petite poitrine souffreteuse[9]. »

Voilà comme est le monde, ricane le Dr Zenda. Un homme peur être en train de mourir pendant qu'un autre embrasse de jolies filles.

L'Amour, la Mort. La petite dame blanche devient « un beau vampire aux membres blancs dont les lèvres pourpres (lui) ont sucé le sang de la vie ». Pendant trente ans, il crache le sang, à la fin il crache *Love and Death*, une autobiographie imaginaire dans le genre de celles dont John Cowper rêve pour le jeune poète Huw Menai. « *Love and Death*, écrit Dreiser, est l'un des plus beaux livres tragiques que j'ai jamais lus, un livre dans lequel le véritable esprit de Llewelyn

8. Cité par Malcolm Elwin, *The life of Llewelyn Powys*, op.cit.
9. Ibid.

se manifeste avec une grande force et une grande clarté[10]. »

Y vibre, dans le souvenir, le pouls de l'été 1914, qui fut radieux. En juin Marion Linton, la cousine de Llewelyn, vint passer quelques jours à Montacute. Marion est l'original romanesque de Dittany Stone. John proposa, pour l'héroïne du livre, le prénom Dittany, Llewelyn ajouta Stone, en écho à la Dimity Stone de *Wolf Solent*[11]. Il fait en compagnie de Marion les promenades narrées dans son autobiographie imaginaire et la demande en mariage. Elle diffère sa réponse, et, alors qu'il est en Afrique, lui annonce qu'elle va entrer au couvent. « Je dois survivre à la guerre, écrit-il à John Cowper. Je dois avoir des filles et encore des filles et de nouveau errer à travers les champs de juin. Et écrire mon journal, tout cela après avoir fait fortune dans l'élevage des moutons[12]. »

Il ne fait pas plus fortune en élevant des moutons qu'en vendant ses livres. La critique lui reproche son athéisme, son apologie des sens. La mort de nouveau approche. Il se rappelle la visite de John, lors de son premier séjour à Clavadel. « Nous sommes assis sur

10. Ibid.
11. John Cowper Powys, *Wolf Solent*, trad. Suzanne Nétillard, Gallimard, 1967.
12. Cité par Malcolm Elwin, *The life of Llewelyn Powys,* op.cit.

un banc au soleil. Sous nos pas gisaient les squelettes des paysans suisses. Un lourd calme de cimetière était dans l'air. Le silence et la paix du dernier refuge de l'homme contre la vie détestable. Les mouches étaient parties. C'était le premier jour du printemps[13]. »

Il se rappelle le jour où il a injurié John dans Greenwich Avenue, à New York (« Je n'ai qu'un mot, John pour exprimer mes sentiments envers toi, et c'est le mépris[14] »).

Selon le vœu d'Empédocle, se mêlent l'amour et la haine. Mais la mort ? John, cet être méprisable, est aussi Daddy Jack. Mais la mort ? Est-il possible qu'elle soit cette chose atroce qui dissout tous les mélanges ? Est-il possible que ce soit l'heure ? Alors fuse le cri : « *Will I die, Daddy Jack ?* »

13. Ibid.
14. John Cowper Powys, « Lettres à Huw Menai », trad. Diane de Margerie, in *Cahier Granit*, op. cit.

VI

L'ERMITE SOLILOQUANT

Tout le monde connaît – ou commence à connaître – l'œuvre immense de John Cowper Powys, conférencier méphitique et barde de l'écriture, qui se définissait lui-même comme un bouffon et un voyeur. Des titres comme *Wolf Solent*, *Les Sables de la Mer*, *Les Enchantements de Glastonbury*, sans parler de l'étonnante *Autobiographie*, où l'auteur raconte comment il buvait des yeux les chevilles des sylphides sur les pages de Weymouth, ont fait un bout de chemin dans la mémoire des lecteurs.

Si l'on sait maintenant à peu près quel écrivain fut John Cowper, on ne sait rien, ou presque, de Theodore Francis Powys, bien que douze livres de lui aient été traduits, que personne n'achète, peut-être à cause de l'idée toute faite qui veut que les lecteurs français (qui n'ont jamais lu Descartes) soient cartésiens, c'est-à-dire aient l'esprit clair – les Powys l'ont obscur – peut-être parce que décidément, comme l'avait prédit Armand Robin, ce temps voit l'apogée des littérateurs horizontaux – les Powys sont dressés, comme l'armée des morts dans Homère – ce qui se vérifie chaque année dans les foires d'empoigne du livre.

Vu du Pas de Calais, la perfide Albion apparaît moins perfide que brumeuse, et il est vrai que les biographies anglo-saxonnes sont célèbres pour leur caractère brumeux, ce qui ne laisse pas d'être excitant pour le lecteur : s'enfonçant dans un brouillard de plus en plus épais, il est obligé de couper les pages au couteau, noyé dans un fleuve de petits faits, qui devient vite océan pour peu que les protagonistes vivent longtemps.

Or, chez les Powys, on vit vieux. On le savait avant la publication de la biographie de Richard Perceval Graves, *The Powys Brothers*, qui a au moins le mérite de signaler que, dans la famille, John Cowper ne détenait pas le monopole de la plume, ce que les Anglais eux-mêmes avaient fait semblant d'oublier.

Curieuse famille que celle du Révérend Powys – on pense à l'une de ces statues qui, à la table de Freud, avaient leur couvert mis comme ceux des autres êtres de chair et de sang – où les fils, qui ont beau être plus grands et plus forts que le père, n'atteignent jamais sa *stature*, et où les filles écrivent des romances sentimentales (*The Blackthorn Winter*[1] est le récit d'une jeune fille enlevée par un gitan) ou des traités sur l'art

1. Roman de Katie Powys, paru en 1930.

de la dentelle : *Lace and Lacemaking*[2] fait autorité sur la question.

Il faut relire, dans les *Contes Cruels*, le texte de Villiers sur le sadisme anglais pour comprendre à quel point ces terrifiants monolithes peuvent dévoyer de jeunes sensibilités. Le masque de vérité du pasteur Brontë est aussi célèbre que les anathèmes du père de Kierkegaard, dressant le poing contre le ciel. Gageons que, dans cette trilogie des pères fulminants, le Révérend Powys n'a pas laissé sa part au diable.

Pour parer le coup, les enfants Brontë inventent les royaumes de Gondal et d'Angria, et le jeune Kierkegaard transforme le péché en saut qualitatif, ce qui réduit l'éthique en miettes et hache menu la réflexion philosophique. Que font les Powys ? Rien, ils attendent leur heure. Quand elle vient, leur réponse est terrible. John Cowper prend le parti de tout dire, non seulement en étalant au grand jour ses petites manies, mais en s'en glorifiant. Llewelyn, le séducteur, écrit *Des Rats dans la Sacristie*, un recueil d'essais qui, se voulant défense du visible, est une gifle à l'invisible. Theodore, enfin, trouve une réponse inattendue et originale : il devient une Bible vivante.

Alors que ses deux frères voyagent – John Cowper en Amérique, où l'*American way of life* dévore tout

2. Ouvrage de Marian Powys, paru en 1953.

sauf les clowns, Llewelyn en Afrique, où le soleil tue et où les pulsions dansent, Theodore, sa vie durant, demeure immobile dans le Dorset, attendant, non d'aller à Dieu mais que Dieu vienne à lui car, dans ce dialogue de sourds, c'est Dieu qui doit d'abord se laver les mains et apprendre ses psaumes avant d'être autorisé à répondre.

Des sermons du Révérend Powys, il semble que Theodore ait retenu la lettre, ce qui donne une œuvre où tous les protagonistes du drame, créateur et créatures, sont là, mais *en creux*, puisqu'ils sont comme ressuscités alors qu'il y a encore des vivants et que n'ont pas retenti les trompettes du Jugement. Dans *John La Mort* [*Unclay*], le videur, ayant perdu son ordre de mission se retrouve en vacance(s) et Dieu, dans *Le Bon Vin de Monsieur Weston,* accompagné de l'archange Saint Michel comme chauffeur, en est réduit à « faire une tournée » pour vendre son bon vin.

On dira que Theodore Francis Powys excelle dans l'art subtil de l'allégorie. Mais il y a loin de l'allégorie de la caverne par exemple, à celle du bon vin. Dans le premier cas, on est d'abord sensibilisé par des arguments rationnels. Dans le second, on reçoit, sans préavis, Dieu, en pleine poire. Les arguments viendront plus tard, ou, devenus inutiles, ne viendront pas.

Qui est donc ce personnage qui fait jacter la Mort en patois, transforme Dieu en négociant et a une manière particulière de faire peur aux filles, qui les effraie à mort ?

On ne sait pas grand-chose de la vie privée de Theodore Francis Powys. Jeune il a une grosse moustache qui le fait ressembler à Nietzsche. Plus tard, un visage un peu de chat sauvage qui n'est pas sans rappeler celui de Schopenhauer. Mais laissons là le jeu des ressemblances. Ou plutôt, je dirais que Theodore devait ressembler à Dieu, quand Dieu rendait visite à Madder. Il épouse une jeune fille du village, dont il a deux enfants. Il aurait pu épouser une vache, une fleur, ou l'un des dieux grognants de M. Tasker. Il marche en ruminant dans la campagne, tel un ermite soliloquant, et note le fruit de ses ruminations (des nouvelles le plus souvent) à son retour de promenade. Cela, quarante ans durant. Métaphysiques sont les terreurs et les pensées de ce promeneur solitaire, mais d'une coloration toujours très particulière. Ainsi pour expliquer le refus de son roman *Mr. Tasker's Gods*, il écrit à John Cowper : « Le Créateur doit être idiot. M'ayant créé, il est responsable des crétineries que j'écris[3]. »

Très tôt, John Cowper fut impressionné par la singularité de Theodore lové dans les replis de son

3. Cité par R. P. Graves.

originalité terrifiante : «Theodore, écrit-il trouvait agaçant de se sentir englobé dans la bande bruyante, turbulente, contente d'elle, dont nous devions, j'en ai peur, parfois lui faire l'effet quand nous allions nous rassembler auprès de lui dans sa lointaine retraite, attirés par sa personnalité magnétique. J'ai souvent remarqué – et je crois comprendre son sentiment – que lorsque nous nous bousculions autour de lui dans notre innocente balourdise, Theodore se recroquevillait en lui-même, devenait physiquement plus frêle, plus délicat : qu'il se mouvait, parlait sur un mode retenu, assourdi, comme si la chair et le sang des Powys avaient été un déguisement revêtu pour la circonstance mais qu'il enlèverait de bon cœur[4] ».

Formant un clan, les Powys étaient unis, malgré leurs différences, par une sorte de fluide évident pour l'observateur. Voyant ensemble pour la première fois Llewelyn et John Cowper, Dreiser fut frappé par ce fait : « Une fois qu'on les avait vus ensemble, écrit-il, il était difficile de les séparer l'un de l'autre, bien que chacun fût le pôle opposé de l'autre sur le plan de la philosophie et de la pensée, mais non sur celui de l'esprit[5] ».

4. John Cowper Powys, *Autobiographie*, op. cit.
5. Lettre de Theodore Dreiser à Malcolm Elwin, biographe de Llewelyn Powys.

Theodore ne rompit pas le cercle – un cercle ne se rompt pas, tous ceux qui ont été enfermés le savent – il occupa toute la surface sans laisser la moindre place (spirituelle) aux autres. Entre l'œuvre de Theodore et l'œuvre de Dieu, il y a une filiation qui donne le vertige, car on ne sait plus très bien qui est le père de l'autre. Il est illusoire de croire que le monde s'étend jusqu'en Amérique ou en Afrique. Le monde s'arrête à la colline de Madder. Tout se joue dans ce village où les différents personnages, Minnie Cuddy, Miss Pettifer, M. Solly qui se barricade contre l'amour, Jar le rétameur, Frederick, le taureau du fermier Barfoot, les cochons de M. Tasker et le fermier Mew – se retrouvent pour la plupart de livre en livre.

Personnages exemplaires, non parce qu'ils donnent l'exemple, mais parce qu'il n'y en a pas d'autres possibles : ils sortent tout droit de la Bible, référence première et dernière, et je ne serais pas étonné, si je relisais ce livre d'épouvante, de rencontrer Minnie Cuddy, le fermier Mew ou M. Bugby en compagnie des éventreurs de femmes qui font l'attrait de ces pages sacrées.

Dylan Thomas s'est copieusement moqué des fossoyeurs et des pasteurs naïfs cueillant des marguerites dans les livres de Theodore. Il faut cependant lui rendre cette justice d'avoir compris que l'on ne peut entrer dans un roman de T. F. Powys que si l'on prend le texte au pied de la lettre.

À distance, en effet, les personnages semblent caricaturaux (ils sont des figures du destin), l'intrigue simplette (elle est biblique), l'écriture naïve (elle est torse et prodigieusement assonancée). En rester là, pourtant, c'est se condamner à ne pas comprendre sur quelle scène le drame se joue et quel en est l'enjeu.

John Cowper n'a pas été dupe. Rappelons ce qu'il écrit dans l'*Autobiographie* : « En parlant de l'auteur de ses jours, Theodore disait non pas *mon* père, comme je le fais dans ce livre, mais *ton* ou *votre* père… Si je suis antinarcissiste, que peut bien avoir été Theodore quand, en certaine occasion où il fut obligé de parler de sa barbe, il ne dit pas “ma barbe”, mais “cette barbe” ? » Dans les deux cas, qu'il s'agisse de sa barbe ou de son père, Theodore trouve une réponse qui fait paraître la question puérile. Mieux, qui l'annule. Ni la question du Père, ni celle de Dieu (avec ou sans barbe) n'ont de sens comme questions. Ce ne sont que des réponses. Et toute l'œuvre de T. F. Powys est une illustration de ces réponses (Dieu en tournée, la Mort en goguette, l'Amour empêtré dans les ronces) à la seule question sérieuse qu'il vaille la peine de se poser, parce que cette question-là, elle, a un sens : pourquoi est-il nécessaire de faire souffrir une créature pour éprouver du plaisir ?

Tel est le diabolique secret du créateur, tout comme celui de Theodore, qui ne se prive pas de faire souffrir la langue en la forçant dans les retranchements du patois, et, dans la mise en scène, n'y va pas par quatre chemins, au point que John Cowper s'avoue incapable de lire certains passages.

Soyons sans illusions : nous sommes tous les cochons de M. Tasker. Nous sommes tous l'atroce fermier Mew et nous sommes tous M. Bugby. Dieu nous a faits à son image : pour jouir des créatures, il nous faut, comme lui, à longs jets faire gicler le sang.

VII

PORTRAITS DE FAMILLE

Les Powys et la France

Quand on parle de la *NRF*, il me semble que c'est d'abord de la *NRF* de Paulhan que l'on parle. Les autres composent le décor, préposés à la claque (Arland) ou aux histoires d'O (Dominique Aury)[1]. Paulhan s'enthousiasme pour Theodore au point de publier *Le Bon Vin de Mr. Weston* en trois livraisons de la revue entre décembre 1935 et avril 1936 et de faire publier des nouvelles dans les revues où il est influent (*Commerce*, *Mesures*).

Plus tard, on doit à Marie Canavaggia la traduction (remarquée) de deux textes remarquables : *Les Sables de la mer* (1958) et l'*Autobiographie* (1965) de John Cowper Powys, qui commence à envahir le paysage et dont les éditeurs se disputent les romans : *Camp retranché* chez Grasset (1967), *Wolf Solent* (1967)

1. C'est mal dit, mais ça dit bien ce que ça veut dire.

chez Gallimard, *Givre et Sang* (1973) au Seuil. On joue maintenant à : qui n'a pas son Powys ? Mais, à part *Givre et Sang*, porté à bout de bras par Diane de Margerie et François Xavier Jaujard, ce qui alimente le tirage, le public ne veut ni du Powys, ni des Powys. Pourquoi ? En gros parce que leur univers n'est pas cartésien – et on entend par cartésien, un univers où la rationalité domine, ce qui est une façon d'avouer que l'on n'a jamais lu une ligne de Descartes. Peut-être serait-il plus prudent d'écrire que certaines remarques (de John Cowper, par exemple) peuvent laisser le (grand) public songeur : « Ce ne pouvait être qu'une seule chose : les profondes orbites dans lesquelles le mourant plongeait son regard et qui parurent se remplir du sang et des excréments du monde entier soudain devenu sacré[2] ! » Riche idée qu'a eue Alquié d'intituler son recueil d'essais *Solitude de la Raison*[3].

« *L'indispensable et introuvable* Cahier Granit »

Elisabeth Brunet qualifie ainsi le premier *Cahier* des éditions Granit, publié en 1973, entièrement consacré à John Cowper Powys : une brassée de traductions

2. John Cowper Powys, *Owen Glendower*, op. cit., t. II. Les forêts de Tywyn.
3. Ferdinand Alquié, *Solitude de la raison*, Éric Losfeld, Paris, 1966.

inédites et d'essais de premier ordre signés Jean Wahl, G. Wilson Knight, Michel Gresset, Kenneth White, Diane de Margerie, François Xavier Jaujard. Un feu d'artifice.

Cet été-là, avec Françoise Reumaux, nous étions invités à Dublin, dans la maison de Barbara Wright, en compagnie de Diane et de François Xavier, qui, le matin, assis côte à côte, traduisaient *Ducdame* (qui devint *Givre et Sang*). Le soir, Jaujard traduisait les poèmes qui parurent dans le *Cahier Granit*, dont il commençait à établir la bibliographie, et, armé d'une plume et d'une encre dont j'ai oublié la couleur, écrivait à Mrs. Yeats une lettre apparemment très compliquée à écrire, qui commençait par : « Dear Mrs. Yeats… » non, rayé… « Mrs. Yeats… » non, rayé… « Dearest Mrs. Yeats… » non, rayé, et ainsi de suite, en soupirant sous les quolibets.

Mrs. Yeats habitait en face de chez Barbara Wright[4]. Vint le jour de notre départ pour le Connemara. Armé de sa lettre et d'un énorme bouquet de roses tenu « lance sur feutre », Jaujard grimpa allègrement les marches du perron et sonna. Une porte qui s'ouvre, un échange de quelques instants. Et le voilà qui redescend, tête basse, les bras de long du corps, le bouquet au

4. Professeur de littérature à Trinity Collège. Auteur de savantes études sur Eugène Fromentin.

bout du bras, semant sans s'en apercevoir, une rose à chaque marche.

– Qu'est-ce qui t'est arrivé ?

– C'est une souillon qui m'a ouvert la porte.

– Et alors ?

— J'ai dit : Mrs. Yeats ? Elle m'a répondu : « She is dead. »

Bonnes pensées de Theodore

Theodore Powys était persuadé que Dieu aimait tripoter les très jeunes filles. Sans vouloir faire de la psychologie de bazar, on comprend que l'auteur de l'amoureux tripotage n'est autre que Theodore lui-même, qui a pris la place de Dieu. Cela donne le dialogue suivant :

— Peux-tu tout voir ? demande-t-il à Dieu.

— Je le puis.

— Peux-tu voir Sally ?

— Oui, mais je ne crois pas que tu aimerais voir ce qu'elle est en train de faire.

La voix de Mercutio

Llewelyn est jeune, beau, malade (il est turberculeux). Amoureux de la vie, disciple de Dionysos et d'Aristippe de Cyrène, il est difficile de le voir sous un autre angle : éternellement jeune, éternellement beau, éternellement malade. « Lulu », benjamin des trois frères écrivains, est le préféré de John Cowper, qui préface ses livres, et fait de lui l'un de ces portraits dithyrambiques dont il donne la recette dans un recueil d'essais[5]. « Lulu, écrit-il, rayonnait littéralement d'une exaltation solaire qui évoquait l'exubérance des immortels. Tout ce qu'il touchait se changeait en or pour l'imagination. Son humour, son entrain paraissaient inépuisables. Il buvait la vie à longs traits au point de tituber dans les vapeurs matinales de la création… Sa voix était comme la voix qu'on imagine avoir été celle de Mercutio, de Roméo, d'Henri V… La totalité du charme indescriptible de sa personnalité, au-delà de ce que j'ai jamais vu et de ce que je verrai jamais chez aucun homme… était dans sa voix[6]. »

Il ne faut pas s'y tromper : cette gloire de la vie (loin d'être idyllique) est celle d'un négateur, et c'est cela qu'il partage avec Theodore : l'amour de la négation, soigneusement dissimulé sous un masque. Chez Theodore, l'énorme moustache qui, jeune, le fait

5. John Cowper Powys, *Suspended Judgments*, G. Arnold Shaw, New York, 1923.
6. John Cowper Powys, *Autobiographie*, op. cit.

ressembler à Nietzsche. Aux deux frères négateurs, on opposera le frère-protée, dénégateur, qui crée un univers où tout reste en suspens, « de l'algue et à vague[7] ».

Le négateur-type ? demandera-t-on. Shakespeare, évidemment. Il n'est pas étonnant que l'on trouve chez Llewelyn des accents shakespeariens : « Car, en fin de compte, que sommes-nous ? Un troupeau de bétails fantôme, des simulacres de souffle, des ombres passagères traversant rapidement les pâturages du monde… »

Les Powys et la France (suite)

Si on cherche toujours, sans le trouver, « l'introuvable *Cahier Granit* », on trouve (sans le chercher) un autre recueil de dithyrambes consacrés à John Cowper Powys, publié par *Plein Chant* sous la direction de Benjamin Stassen[8]. J'ai envie de dire un mot d'une superbe étude de Thomas. J. Diffey[9], qui a compris que – et pas simplement chez John Cowper – « le mystère réside à

7. Comme le dit joliment Diane de Margerie, 1973, *Cahier Granit* (1-2), p. 104-125. Pour *Négation et Suspens*, je renvoie à *Scènes de Chasse en Famille*, Librairie Elisabeth Brunet, Rouen, 2003, p. 465-470.
8. *John Cowper Powys*, dossier réuni et présenté par Benjamin Stassen, *Plein Chant* (42-43), Bassac, 1988.
9. Thomas J. Diffey, « John Cowper Powys et la Philosophie », *Plein Chant*, op. cit., p. 124. Pour Hegel, « épicier de la philosophie », John Cowper Powys, *Rodmoor*, op. cit., p. 330.

la surface. La surface des choses est le cœur des choses » et s'amuse à opposer les philosophes professionnels et les autres, ce qui revient à mesurer la profondeur du tombeau de l'académisme, John Cowper Powys (et ses frères) appartenant au camp (nietzschéen) des penseurs privés et non au camp de Hegel (« cet épicier de la philosophie ») qui est celui des penseurs publics. C'est peut-être cet aspect privé qui a permis aux Powys, en France, d'échapper à l'académisme, car on ne peut pas dire que les études de Michel Gresset, ou de Kenneth White, soient, *strico sensu*, académiques… pas tout à fait, cependant puisque Theodore s'est retrouvé empêtré dans les mailles des mille cent trente-huit pages de Michel Pouillard[10]. Qu'en penser ? Rien. Ce n'est pas un texte qui incite à penser. À défaut, j'y ai appris que le fils aîné de Theodore, Dickie, parti au Kenya chez son oncle Willie Powys, avait été dévoré par un lion. À moins qu'il n'ait été massacré par les Masai pour s'être approché de trop près de leurs femmes.

10. Michel Pouillard, *T. F. Powys (1875-1953). La Solitude, le Doute, L'art (vol 1 et II)*. Thèse d'état présentée devant l'université de Grenoble III, le 20 mai 1978. À propos des *Dieux de Mr. Tasker*, par exemple, on lit ceci : « … nombre de scènes importantes – viol d'Alice, réunion des fermiers, meurtres de Henry Turnbull et du vagabond – ont lieu au crépuscule ou en pleine nuit, ajoutant ainsi à l'impression d'obscurité ambiante » (Vol. II, p. 815). Imaginez mille pages, sur le même ton, et du même tabac.

« Après des horizons immenses, nous nous approchons, blakiennement, de cette petite précieuse chose qu'est un ver de terre qui souffre. »

Seul Jean Wahl pouvait écrire une phrase pareille. Il y avait – il y a de cela une quarantaine d'années – dans le quartier de l'Étoile, au cinquième étage de je ne sais plus quel immeuble – un Institut d'Études Européennes destiné à inculquer des notions de philosophie à des jeunes filles américaines, riches de jeunesse, d'ignorance et de dollars. Ce que je faisais là, je m'en souviens très bien, mais Jean Wahl ? Je l'ai vu, à la fin d'un cours, que les filles l'avaient supplié de faire en français car elles ne comprenaient rien à son anglais, entrer bravement, « petite précieuse chose », dans un placard qui faisait office de vestiaire, en croyant entrer dans l'ascenseur. Pour y réfléchir sur le pluralisme, peut-être, ou sur l'univers des *Sables de la mer*, « roman où les essences vont et viennent, comme des existences, se posent, au-dessus, ou au-dessous, les consacrent, puis les abandonnent, pour aller vers d'autres [...]. Flux et reflux, systole et diastole, plus qu'ils ne se succèdent, s'unissent dans cet univers surhéracitéen[11] ».

11. Jean Wahl, préface aux *Sables de la mer*, de John Cowper Powys, trad. Marie Canavaggia, Plon, 1958.

Dans un article publié dans la *NRF*[12], Dominique Aury, qui insiste plus sur l'extase (« l'inexprimable joie ») que sur le mouvement, décrit ainsi le retour de John Cowper en Europe : « Les grands romans étaient derrière lui. Vinrent les romans historiques… » Ce n'est rendre justice, ni à *Owen Glendower*, ni à *Porius*, le roman-monstre, tout simplement sans doute parce qu'elle ne les avait pas lus. Si *Les Sables de la mer* est un roman surhéraclitéen, que dire *d'Owen Glendower* ? Ce serait comme le Multiple du Multiple. Ou un éclatement du temps, une chevauchée à travers les temps sur un air de flûte capable de « changer Homère en clavecin[13] ». Ou, plus encore, une superposition de temps eux-mêmes superposés, dont l'une des strates serait le temps historique, une autre le temps mythologique, une autre l'Aion, le temps du rien, le temps vide de *Porius*, qui n'est déjà plus le temps, mais l'idée d'un temps dont on n'a pas idée[14].

12. Dominique Aury, « John Cowper Powys », *Nouvelle Revue Française*, septembre 1963.
13. John Cowper Powys, *Camp retranché*, op. cit., p. 65.
14. En préfaçant *Owen Glendower*, j'ai évoqué l'image d'une tapisserie : « Jamais les brins de laine avivés ne sont plus réels que lorsque l'éclairage est le plus sombre, c'est-à dire le plus irréel. Dans les dernières lueurs vacillantes, apparaissent des fragments irrécusables. Fragments de corps ou fragments d'âme, fragments de peau, tendons, muscles, impressions croquées vives… »

Et à la question du temps, les trois frères donnent des réponses différentes. Avec Llewelyn, nous entrons dans le temps des sens, qui est mouvement, le temps de la chair, celui des plaisirs ou des *Rats dans la Sacristie*[15] placé sous le signe shakespearien de la négation, le temps où l'âme de Mercutio rôde dans la chaleur, « un peu au-dessus de nos têtes », tandis que son corps, percé par la rapière de Tybalt, n'est plus que de « la viande pour les vers », qui pourrit sous le regard de Theodore ou de ses affidés, Mr. Bugby, par exemple[16], immobile dans l'atroce temps immobile de Dieu, un temps-araignée qui fait ressembler l'Un de Parménide à une polka et le « *sub specie aeternitatis* » de Spinoza à une plaisanterie de rabbin.

Je suis une vieille demoiselle tatillonne

Ouvrez le dossier publié par *Plein Chant*, à la dernière page. Vous y verrez la photo d'un John Cowper Powys vieillissant ressemblant de manière frappante à une vieille demoiselle. Je ne connais qu'une seule réplique de ce « Portrait de l'Artiste en vieille demoiselle » : la photo d'Henri Thomas (en vieille anglaise) qui clot la thèse de Joanna Leary[17].

15. Llewelyn Powys, *Rats in the Sacristy*, op. cit.
16. Theodore Francis Powys, *M. Bugby fait peur aux oiseaux*, op. cit.
17. Joanna Leary, *Henri Thomas : War within, War without, A study of his correspondence*, University of London, 2001.

A young girl from Corsica

François-Xavier Jaujard soutenait mordicus que John Cowper Powys avait, en l'honneur de sa traductrice, écrit un limerick dont les deux premiers vers étaient :

A young girl from Corsica
Called Marie Canavaggia…

Il reste à compléter ce limerick pour témoigner de l'admiration unanime inspirée par les traductions que Marie Canavaggia a données des romans et de l'autobiographie de John Cowper. Elle a également traduit *Unclay*, à mon avis le chef d'œuvre de Theodore, mais, il me semble, avec un bonheur moindre. En simplifiant, je dirai qu'elle a traduit le sens, pas les sons. Or, la langue de Theodore est un tissu d'assonances (par exemple : "*Be what I be, I be Bugby, I be Bugby with a liking*"). Or ne pas traduire les assonances, c'est ne pas traduire Theodore. Un roman comme *Mark Only*, où l'on entend hurler les chiens de la mort, est même plus qu'un tissu d'assonances. C'est une vraie caisse de résonance : un patois surhéraclitéen surassonancé. Quant à l'allégorie, il faut la recracher littéralement, comme on regarde (avec l'œil de l'esprit) la réalité en face. John Death est John La Mort, qui vient d'égarer sa faux. Le Trépas, par comparaison, a l'air d'un plaisantin[18].

Ton ventre est un grand pâturage blanc [...] avec, au centre, le nœud d'amour des générations

Qui écrira un essai sur les sœurs Powys ? Gertrude, qui illustra de merveilleux bois gravés les livres de Llewelyn (*Des rats dans la sacristie* et *Mémoires Terrestres* [*Earth Memories*] entre autres) ; Marian, la dentellière, qui écrivit un traité sur l'art de la dentelle, et dont le fils, Peter, crut longtemps que son père était John Cowper, ou Philippa la poétesse, que l'on appelait Katie, en qui John Cowper voyait son double parfait, sauf sur le plan érotique[19], trop fougueuse pour lui qui aimait l'amour immobile aux longues sensations. Fille des éléments – et comme eux androgyne – Philippa, quand elle n'aimait pas les femmes, aimait les hommes virils (*Homme des collines et des vagues/ Le voici qui vient*), ceux qui « *prennent les femmes comme le renard prend la renarde*[20] », ce

18. Theodore Francis Powys, *De vie à trépas*, trad. Marie Canavaggia, Gallimard, 1961.
19. John Cowper Powys, « Lettres à Philippa Powys », trad. Diane de Margerie, *Cahier Granit* (1-2), op. cit.
20. Philippa Powys, « Bois Morts », in *Scènes de Chasse en Famille*,

qui ne convenait pas au plaisir d'Ichtyosaure, tel que le recherchait l'aîné des Powys. On retrouve cependant le caractère irréductible et la fougue de Katie, dans le portrait de Philippa Renshaw, l'héroïne de *Rodmoor* : « Elle semblait possédée d'un désir fou de se débarrasser de tous les vestiges et de tous les signes qui l'emprisonnaient dans son argile humaine afin de se livrer, libre et désenchaînée, à l'étreinte des puissances primordiales [...]. Relâchant la sauvage étreinte de ses doigts après s'être blessé la chair sur la rugueuse écorce de l'arbre, la jeune fille enfonça ses ongles dans le terreau meuble de feuilles humides et se frotta le front contre la mousse trempée. Elle frissonna tandis qu'elle était ainsi étendue, et tout en frissonnant elle agrippa avec plus de force encore, comme dans une sorte d'extase, les racines des herbes et les mottes de terre dans lesquelles s'enfonçaient ses ongles[21]. »

Telle est Philippa Renshaw, et telle fut Philippa Powys, l'Aigle de mer, comme l'appelaient ses frères, qui laisse des poèmes et des romans inédits, ainsi qu'un Journal – pas comparable à celui de John Cowper, qui n'est comparable à rien – mais qui court tout de même sur plus de trente années.

Librairie E. Brunet, 2003, p. 421.
21. John Cowper Powys, *Rodmoor*, op. cit., p. 69.

L'Iscariote, corde en main, se dirigeant vers le sureau

Faire le portrait de… : cheveux, front, yeux, nez, bouche, oreilles… neuf fois sur dix, on n'arrive à rien. Alors dessiner : cheveux, front, yeux, nez… sans espoir… Pour faire le portrait de Llewelyn Powys, il faut écouter le rire de Mercutio. Comme si le visage de Llewelyn ne prenait sens que par son rire. Et Llewelyn tire sur le même fil pour exprimer ce qu'a de singulier, d'irremplaçable, le visage de John Cowper : aucun de ses traits, pas même ses « petits yeux gris vert de chat tigré », mais son crâne, et surtout ses mains, ses poignets aux fines attaches dotées d'une force surnaturelle, « les mains d'un très vieil homme, mais dotées d'une poigne de démon[22] ».

Et Theodore ? Parler de ses yeux gris et du modelé de son visage, comme David Garnett, ne donne pas grand-chose. Mais pour surprendre Theodore, feuilleter la Bible, ce livre des démons, car Theodore est un démon qui a des traits de gobelin. Feuilleter la Bible, jusqu'au passage mémorable où Theodore, corde en main pour se pendre, se dirige vers le sureau. Va-t-il rencontrer la Mort, comme le Révérend Hayhoe, lorsque la Mort arrive à Dodder ?

22. Llewelyn Powys, *L'Amour, la Mort*, op. cit., p. 70.

– Êtes-vous marié ? demanda M. Hayhoe.

– Je suis célibataire répondit John La Mort, et j'ai toujours vécu sagement.

– C'est tout à votre honneur, dit chaleureusement Mr. Hayhoe.

— Mais on a beau vivre honnêtement, remarqua La Mort, il y a toujours quelqu'un, voisin ou autre, pour crier au loup. Et moi – tout comme d'autres, j'ai été accusé d'avoir commis certaines actions… mais je peux vous promettre que je ne suis jamais tombé aussi bas que ces fossoyeurs flamands qui avaient l'habitude de crier « Vive la Peste » dans les rues de la ville… J'ai maintenant l'intention de passer un peu de bon temps à Dodder.

– Je n'en doute pas une seconde, dit gaiement Mr. Hayhoe, et vous ne serez pas depuis un mois avec nous que l'on vous aura baptisé, confirmé et marié.

– Mais pas enterré, j'espère, répondit La Mort en souriant[23].

On imagine les traits diaboliques de Theodore se convulsant sous l'effet… de ce que l'on veut, douleur ou fou rire. Il me semble que c'est Llewelyn Powys qui a donné de Theodore le plus beau « portrait en

23. Theodore Francis Powys, *Unclay, Chatto and Windus,* Londres, 1931, p. 33-34.

zigzag » : « Il ressemble au chasseur qui aurait déserté une chasse au faisan pour descendre dans les marais tirer la bécassine. C'est un oiseau vraiment sauvage qu'il chasse, *un oiseau qui vole en zigzag*. Il chasse Dieu [...]. Il n'a cessé de scruter d'un regard gris et hanté les contours immémoriaux des collines dénudées. Les oreilles dressées comme celle d'un chat dans une cuisine, il a écouté le prêtre et l'indigent du village. Semblable à un chien de chasse aux yeux mélancoliques qui va et vient dans les fougères, il a flairé l'odeur de Dieu sans qu'on puisse le rappeler. Pendant plus d'un quart de siècle, il a été l'intrigant, l'incorrigible indiscret, toujours en alerte, à l'écoute au travers d'une fente ou d'un trou de serrure de ce que se dit Dieu *lorsqu'il se parle à lui-même*[24]. »

Les Powys et la France (fin)

Reçu, à la parution de *Mrs. Moggs va voir la mer et Autres Contes de la colline de Madder*[25], ce mot (réconfortant) d'une lectrice : « Tombée sous le charme désuet, si vulnérable et discret d'Emily Dickinson. Et surtout T. F. Powys. Il me semble que je ne me

24. Llewelyn Powys, *Peau pour peau*, op. cit., p. 67-68.
25. Theodore Francis Powys, *Mrs. Moggs va voir la mer et Autres Contes de la colline de Madder*, Hatier, 1990.

promènerai plus jamais de la même façon dans la campagne et les bourgs. Je ne vois encore que la surface des choses. Merci à lui. Merci à vous. »

Theodore : Autoportrait

À un éditeur lui demandant de se décrire en quelques lignes, T. F. Powys rédigea un court billet qui se termine ainsi : « Pardonnez-moi de ne pas parler de moi de manière plus amusante. Mais, je vous en prie, ajoutez ce que vous voulez[26]. »

26. David Garnett : « T. F. Powys », in *The Borzoi*, A. A. Knopf, New York, 1925, p. 88.

VIII

DES DIEUX DÉCHUS

Les Powys sont des dieux déchus. Étrangers à la race humaine, ils viennent d'une autre planète. Ce sont des soleils froids, des lunes chaudes. En même temps que leurs incantations,

We are the Powyses, you and me
Powyses, Powyses, don't you see

l'encens de leurs livres fume toujours sur les autels. Comment s'en débarrasser ?

Dans les années 1930, on pouvait voir se promener dans Londres un singulier personnage marchant pieds nus dans des sandales, les cheveux au vent, vêtu d'une robe écarlate semblable à celle d'un druide, d'un magicien ou d'un roi, l'air décidé de qui sait qui il est et de quoi il parle. Certains disaient qu'il avait fait de la prison pour avoir publié des poèmes obscènes de Verlaine et des obscénités de Rabelais, pire encore, une œuvre de son cru *Ci-Gît Sir John Pénis*, un lamento que Falstaff n'eût pas désavoué ;

d'autres qu'il avait l'esprit dérangé, ce qui n'est pas faux puisqu'il écrivait des vers. Je ne sais pas si le comte Potocki, qui s'autoproclama roi de Pologne et de Bohême et imita l'accent de Bloomsbury de Virginia Woolf avec un comique irrésistible : « *You knöö-oo, Count Potocki, Aie alwaays think may husbands' race is söö-oo merch civilayzed than ahs* », était un personnage très recommandable – je veux dire aussi peu recommandable que l'était à la même époque un John Cowper Powys arpentant les routes et les pensionnats de jeunes filles, telle « une archaïque poupée-démon à lèvres de gargouille d'où l'eau pourrait éternellement couler[1] » – toujours est-il que Vladislas V., à sa sortie de prison, trouva dans son lit, qui était aussi celui de sa maîtresse… un Powys : Francis, le fils cadet de Theodore Powys, l'ermite soliloquant, et qu'il lui vint à l'esprit, puisqu'il était écrivain, et poète, et imprimeur, et qu'il éditait lui-même ses œuvres, de publier un petit livre joliment intitulé *Crottes de Chien. Une étude en Powysologie*[2], qui, plus tard, fit trembler le clan Powys tout entier.

De quoi se mêle-t-il ? De ses affaires tout simplement. Si l'on tient à expliquer la chose – même si l'on sait que, dès que l'on tente de l'expliquer, la chose disparaît

1. John Cowper Powys, *Autobiographie*, op. cit., p. 362.
2. Count Potocki de Montalk, *Dog's Eggs*, op. cit.

– il faut se souvenir que Vladislas V., comte Potocki, en bon adorateur du soleil, comme Llewelyn Powys, aimait les femmes. On ne peut pas le lui reprocher. Et qu'il les aimait au point de ne pas pouvoir souffrir qu'on les lui fauchât, surtout si elles étaient enceintes de lui, ce qui, même pour un excentrique né au milieu des Maoris, semble tout à fait normal.

Or il se trouve que c'est le cas, et la petite fille dont accouche sa maîtresse, entre-temps devenue Mrs. Francis Powys (on croit rêver), est adoptée par Theodore dont le fils aîné, Dickie, a trouvé une mort tragique au Kenya. L'affaire se corse – on ne sait plus si on nage au milieu des atrocités de la Bible ou d'un feuilleton de Dickens – quand Theodore Powys, sous le coup de l'une des humeurs de Dieu qui le balaient par moments, déclare, tel Moïse : « Mon fils *unique* Dickie, ayant été dévoré par un lion, nous avons adopté Susie, l'enfant parfaite.[3] »

On comprend que cela n'ait pas fait vraiment plaisir à Francis, le survivant, mais on attend toujours le démenti de Theodore. Les crottes de chien powysologiques sont, à leur manière, un chapelet de petites bombes à retardement. Mais Vladislas V., qui règne sur la Pologne dans un cabanon délabré près de Draguignan, est un

3. C'est-à-dire Théodora. Déclaration faite dans le *Sunday Chronicle*, le 12 juin 1934.

bon garçon. L'esprit délavé par les rayons du dieu Hélios, il ne voit pas plus loin que le bout de son nez. Ce n'est ni un saurien, comme John Cowper, ni un buveur de sang comme Theodore et Llewelyn. Il préfère l'huile d'olive aux huiles saintes et ne goûte pas plus les incestes bibliques que ceux des Victoriens. Chez les Powys, par contre, *panico generale*, car, si le père de Francis n'est pas Theodore et que Francis est tout de même un *vrai* Powys, son père ne peut être que…

— Je ne comprends pas pourquoi les Powys, écrit Richard Aldington, ont régné sur la scène littéraire pendant un demi-siècle. Ils auraient dû *tous* être étranglés à la naissance dans leur berceau[4].

Ce n'est pas facile. Ils sont aussi rusés que les paysans du Dorset, le comté qu'ils ont envahis. Chaldon Herring, Chydyok Cottage, Rat's Barn, Mappowder, voilà les nids où ces coucous se sont installés. Il arrive cependant qu'ils soient pris la main dans le sac. Quand on vit dans un village, on sait qu'il est périlleux de faire le portrait de sa voisine, surtout si on a la plume onctueusement cruelle de Theodore Powys, surtout si la dame est ce que l'on appelle une vieille fille, surtout si l'on se dit qu'elle a peut-être *lu* le livre, pire encore, qu'elle s'est peut-être *reconnue*.

4. Voir le comte Potocki, *Dogs's Eggs*, partie 1, op.cit.

Mais voilà que, revenant d'une promenade, Theodore aperçoit, marchant dans sa direction, la dame en question, Miss Pettifer, l'ignoble Miss Pettifer du roman. Vite, bondir au détour d'une haie et se faire invisible, s'allonger dans l'herbe, face contre terre. Mais elle l'a vu, l'ignoble vieille fille aigrie l'a vu, qui aurait tant aimé feuilleter le livre obscène que le pasteur a toujours dans la poche afin de faire semblant de le jeter dans le feu. Elle le rejoint, et elle s'arrête, et elle attend. Minutes d'enfer. À l'homme allongé face contre terre, la voix de Dieu chuchote : *aimerais-tu voir ce que Sally est en train de faire en ce moment ?* Et puis s'élève une autre voix :

— En train d'admirer la nature, Mr. Powys[5] ?

Le livre a un titre charmant, *Innocent Birds*, mais les oiseaux sont ceux qui pointent sous le corsage des très jeunes filles et ils sont loin d'être innocents. Vous allez dire : le village, au moins, est innocent. Cela ne ferait que prouver votre méconnaissance totale des villages – et des ermites qui s'y cachent avec une délectation qui trop souvent fait trembler leur lèvre supérieure[6] – car on ne voit pas très bien où se tapirait l'innocence dans un village comme Chaldon Herring où, au *Retour*

5. Judith Stinton, *Chaldon Herring, The Powys Circle in a Dorset Village*, The Boydell Press, 1988.
6. De peur ? De rage ? De jouissance ?

du marin, on tire bordée sur bordée et où on compte non seulement le nombre de lits, mais le nombre de rats par dormeur[7].

Victime d'une attaque – selon Vladislav V. à la révélation de son infortune, mais le comte Potocki, qui a passé sa vie à cocufier et à être cocu, est un obsédé des cornes – Theodore fuit la grande guerre en se réfugiant à Mappowder, un village plus innocent ? C'est demander la lune. Ce qui est immédiatement palpable, en tout cas, c'est la pauvreté. Susie (Theodora de son nom de baptême) décrit ainsi la chambre de *Daddy*, son père adoptif : « Les murs de la chambre suintaient d'humidité, je n'ai jamais compris pourquoi car il n'y avait pas de fuite dans le toit, on y voyait parfois ramper de grosses limaces et même les draps du lit étaient souvent humides[8]. »

Il ne manque que les rats. Mais il ne faut pas ici les chercher dans le lit, mais dans la tête du dormeur. Et l'on pourrait soutenir qu'il y en a dix-sept dans la tête de Theodore quand il écrit *When you was naked*[9],

7. Judith Stinton, *Chaldon Herring*, op.cit.
8. Theodora Gay Scutt, *Cuckoo in the Powys nest,* The Brynmill Press, 2000, p. 33-34.
9. Theodore Powys, *When you wast naked*, The Golden Cockerel Press, 1931. Trad. fr. de Patrick Reumaux : *Le Fruit défendu*, L'Arbre Vengeur, Bordeaux, 2006.

puisqu'il y a dans cette longue nouvelle dix-sept citations d'Ezéchiel, pas de gros rats blancs papistes comme le Ricoletto chéri d'Hamish Traherne le pasteur de *Rodmoor*, le deuxième roman de John Cowper, mais bel et bien une armée de surmulots et de rats noirs aux ordres du grand rat alpha, je veux parler de M. Weston, le marchand de vin céleste en tournée, et de ce surprenant épisode. S'étant aventuré à faire une promenade dans la neige aux environs de Mappowder, Theodore se sentit défaillir et s'écroula dans un fossé. Pas âme qui vive aux alentours. Personne d'autre que la nuit tombante. Soudain, le bruit d'un moteur. La voiture s'arrête. Quelqu'un descend, le traîne hors du fossé, le dépose devant chez lui.

— C'était qui ? demande Violet, sa femme

— Qui ? demande Susie, sa fille adoptive.

— M. Weston, répond Theodore[10].

Cela n'étonne pas le comte Potocki, qui trafique avec le soleil, tient Theodore Powys pour un parent de Lord Lilford et ne lui en veut que parce qu'il a commis une mésalliance – Violet a beau être, aux dires de Louis Wilkinson, « une Vénus de poche aux cheveux noir corbeau, aux grands yeux d'un bleu profond, au teint de rose et aux chevilles parfaites »,

10. Théodora Gay Scutt, op. cit., p. 163.

ce n'est qu'une vulgaire fille du village, pas autre chose qu'une souillon incapable de tenir sa maison – mais les deux autres… Si John Cowper est le pire de tous, celui qui fait le plus de bruit, Lewellyn, qui est aussi un adorateur du soleil, ne trouve pas grâce aux yeux de Vladislas V. qui juge ses écrits d'une effroyable vulgarité. Songez par exemple que ce saltimbanque vêtu comme un berger crasseux et vivant dans une bicoque de douaniers sur le cap Blanc-Nez, s'étant mis en tête d'écrire ses *Lettres à une jeune poète*, – pour qui se prend-il ? – donne au jeune rimeur des conseils… d'hygiène corporelle. Prosaïsme et vulgarité vont de pair. Il y a des choses dont on ne parle pas. Laisser s'en délecter l'aîné de cette famille de charlatans, qui, page après page, parle interminablement de ses intestins.

Llewelyn Powys n'est qu'un charlatan de la même espèce seulement capable de citer à tour de bras des chansons irlandaises ou de vieilles ballades écossaises auxquelles personne ne comprend rien :

Les collines de Polden sont en train de plumer leurs oies,
Plus vite, plus vite, plus vite

Ou encore :

L'arrière-train dressé sur la colline,
Le pauvre Watt tend une oreille rousse
Pour savoir si la meute est toujours à ses trousses

Ou, quand il est en veine d'érotisme, d'évoquer les soutiens-gorges et les petites culottes des campeuses ayant installé une corde à linge près de la bicoque où il gîte sur le Blanc-Nez. De là, les « propositions » qui ne vont pas manquer de suivre… On conviendra aisément que cela manque de grandeur. Cela n'a pas l'allure shakespearienne d'un Tombeau de *Sir John Pénis* écrit par Falstaff ou la musique aérienne des cochonneries de Verlaine traduites par un roi de Pologne à sa sortie de prison.

John Cowper raconte qu'un jour, alors qu'il attendait dans l'un des « musées de l'Enfer » de Chicago, le cœur dans la gorge, l'arrivée d'une foule de danseuses aux longues jambes qui n'arrivaient pas, qui allaient arriver d'une seconde à l'autre mais n'arrivaient pas – oh, qu'elles arrivent, qu'elles arrivent, qu'elles arrivent, comme les oies de Polden vite, vite, vite – remarqua qu'il n'y avait que trois spectateurs dans la salle : « un prêtre interlope défroqué », lui-même, un homme de cire et un singe en chair et en os.

Curieuse fratrie de l'œil où il ne faudrait pas se forcer beaucoup pour reconnaître, outre Powys l'aîné en prêtre défroqué, l'immobile Theodore en homme de cire que seul le démon, parce qu'il dissimule sa queue dans son froc, sait faire fondre, et Llewelyn en singe au derrière rouge enfilant tout ce qui passe en faisant des bouffonneries dignes des primates du théâtre de Shakespeare.

En reconnaissant que, contre toute attente, les Powys ont inexplicablement occupé la scène pendant un demi-siècle, Potocki reconnaît du même coup qu'il émane d'eux une magie, quelque chose qui les met à part, une fascination qui confine parfois à l'horreur, mais dont on n'arrive pas à se déprendre. Un critique (et écrivain) jadis d'avenir, a eu beau écrire, parlant de John Cowper, « sa construction maladroite, ses analyses besogneuses, ses monologues intérieurs lourds et appuyés », il n'a pas vu que ce sont précisément les ingrédients où se concocte le philtre et que, là où ça fait mal, on aimerait, comme dans les livres innommables, des maladresses, des analyses et des monologues encore plus lourds et plus appuyés.

Que reste-t-il aux Powys, détestés par tous les bien-pensants de tous bords, et je ne parle pas ici des sœurs – de Philippa, la poétesse, aussi bien amoureuse des femmes, celle-ci « assassinée par une meurtrière qui lui a barbouillé de sang le visage avec sa dague » que des hommes, « j'étais comme une renarde hurlant à la mort après son mâle[11] » ; ou de Marian, la dentellière, dont le fils, Peter, fut tout étonné quand il apprit que son père *n'était pas* John Cowper…

11. Angela Pitt, « The diaries of Katie Powys », *The Powys Journal*, Vol. 2, Bath, 1992.

Il leur reste à être ce qu'ils ont voulu être,

We are the Powyses, you and me

À être ce qu'ils ont toujours été : des parias. J'ai dit des dieux déchus. J'aurais dû dire des prêtres dévoyés, mais des prêtres quand même. Des apostats qui s'ignorent. Des pervers non polymorphes, mais polyplanétaires. Ils ont beau être différents, ils ont un point commun essentiel. Inutile de chercher, vous ne trouveriez pas : ils ne savent rien faire. Ce sont des bons à rien qui, littéralement, ne savent rien faire.

Ils n'ont pas de métier – pas assez de force pour être terrassiers – pas le sens des affaires ; ne savent pas : taper à la machine – conduire une voiture – servir à table, soigner le bétail ou les chevaux[12]. Et j'en oublie : pas compter, pas plus additionner que soustraire, pas multiplier, encore moins diviser, ils ne savent faire qu'une chose : écrire. Ou quand ils n'écrivent pas, errer, faire des kilomètres, marcher, appuyés sur de redoutables bâtons, marcher à la recherche de… mais c'est une autre histoire.

Que racontent-ils, ces parias ? Entre autres, l'histoire de l'argile du Dorset, collante chez Jack, brûlante chez Lulu, volante chez Théo. Autrement dit : saurienne

12. Voir John Cowper Powys, *Autobiographie*, op. cit., p. 440.

chez John Cowper, en rut chez Llewelyn, évidée chez Theodore, qui a deux employés à demeure, corvéables à merci : John La Mort, le videur, et Oncle Jar, le sauveur.

Il n'est pas faux de dire que le premier roman de John Cowper, *Bois et Pierre*, dont l'éditeur a tenu à garder, en français, le titre anglais, *Wood and Stone*[13], est le roman des parias. On n'oubliera ni Lacrima Traffio dont le prénom pleure tout seul, ni Maurice Quincunx, l'ermite du Chemin de l'Homme Mort où l'on reconnaîtra Theodore « brisé, non pas vaincu, *avec des pensées qui errent dans l'éternité* », Luke Andersen, enfin, que sa beauté met à part, comme un être au casque d'or qu'il est dangereux d'approcher, comme il était dangereux d'approcher Llewelyn Powys qui racontait qu'au sanatorium de Clavadel, où il soignait sa tuberculose, un malade se tira une balle en plein cœur mais se rata, cet organe ayant, à cause de la maladie, *changé de place.*

C'est qu'on demande aux pensionnaires une certaine tenue. On s'habille le soir pour dîner. Queue-de-pie,

13. Jean-Pierre Sicre, l'éditeur de la première édition française aux éditions Phébus, en 1991. Je me souviens de lui, modulant au téléphone « Woooood and Stoooone » pour me convaincre de la qualité sonore du titre anglais, au demeurant peu musical et archibanal, sauf peut-être – et encore – au niveau symbolique. La deuxième édition, au Bruit du temps, traduira le titre.

s'il vous plaît. Cela n'empêche pas le désir de circuler sous le manteau. On se rend visite dans les chambres.

— Avez-vous des livres grivois ? demande à Llewelyn une charmante Daphné[14].

Non, il n'en a pas. Mais voilà que débarque, dans les rues de Clavadel, un magicien, une sorte de Christ sale, un être douteux qu'il faut laver, brosser, astiquer pour le rendre présentable et lui permettre de s'asseoir dans la salle à manger du sana, un mime, un cabotin, un Petrouchka, un arlequin, un polichinelle tenant tout à la fois du satyre et du saint : John Cowper Powys.

Llewelyn le tient pour un menteur spirituel, mais peut-être que la charmante petite Daphné qui a tellement envie d'un livre pornographique serait ravie de lire *Les Plaisirs de Tibère* que Daddy Jack, « tel un prêtre portant le calice », pourrait lui offrir à condition qu'elle lui permette de la prendre sur les genoux.

Les Plaisirs de Tibère, ah les délices de ces ordures… tout ce qui se glisse sous les mots, les monts, les morts, *entre* les lignes, l'échancrure d'un corsage, une petite culotte à peine soulevée, une main qui effleure, et tous les étages de caves, tous les trésors cachés révélés par ce simple geste d'une incroyable obscénité : « Je tendis mon long index de toute sa longueur »… Il faut faire

14. Llewelyn Powys, *Peau pour Peau*, op. cit., p. 27.

l'éloge des délices de Capoue, de ces choses interdites un instant entrevues, l'éloge d'une culpabilité que seul le puritanisme peut porter à l'incandescence pour *jouir de toutes les essences*, qu'elles soient l'innocente couverture prune usée jusqu'à la corde d'un petit livre de géométrie ou les jambes coupables des baigneuses allongées sur les galets, jusqu'à se sentir de plus en plus exclu du cercle de l'humanité, de plus en plus subhumain, planétaire, de plus en plus saurien, au point de faire mourir de peur toute une lignée de rois de Pologne, vrais ou faux, une multitude d'hommes de cire et une forêt de singes couronnés.

Daddy Jack, le menteur mental, s'est découvert, avec cette terreur qui est l'essence même du ravissement, au cours de chasses délirantes à la poursuite de ces *émois érotiques qui dépouillent le reste du monde de toute espèce d'importance*, au moins la moitié des manies répertoriées dans le traité du baron von Kraftt-Ebing

Le voici en chasse, sous-homme surhumain à la poigne de démon, aux pommettes saillantes, tellement rouges qu'elles paraissent fardées, satyre à crâne de chat ivre de pain et de lait à force de boire des yeux les chevilles des femmes sur les plages, de contempler à la dérobée les jambes gainées de soie des danseuses qui posent sur la couverture des magazines des kiosques à journaux, ou, à Philadelphie, à Pittsburg, à Chicago ou je ne sais plus où – relisez l'*Autobiographie* – de glisser une pièce dans la fente d'un appareil à sous pour y voir des femmes bien en chair, le plus naturellement du monde, comme si cela allait de soi, enlever leur robe.

Oui, c'est un homme dépravé qui avoue : « Je cherchais des formes féminines provocantes qui s'exposaient au soleil brûlant parmi les odeurs de varech, de poisson, de goudron, de sueur, de sandwiches, de cordages, de peinture, de parfums bon marché, de jupons mouillés par l'écume marine, de bière et d'eau croupissant dans les cales [...]. Arrivait-il aux femmes de s'apercevoir que des hyènes spirituelles fixaient ainsi sur elles leurs regards[15] ? »

Il y a cependant – selon un autre point de vue – pire encore : une manie inconnue de Krafft-Ebing, celle du chocolat. L'inquiétante manie de se gaver à tout moment de chocolat, rien que de chocolat, encore et encore, toujours plus de chocolat, en lisant tous les romans de Dickens et de Thomas Hardy. Et l'on sera enclin à dire que ce sont moins leurs manies érotiques, délirantes chez John Cowper, entêtantes chez Llewelyn, terrifiantes chez Theodore, que leur amour de la littérature, comparable, dans son excès, à celui du chocolat, qui met les Powys hors-la-loi.

15. John Cowper Powys, *Autobiographie*, op. cit., p. 199.

Impossible cependant, comme le fait Vladislav V. – qui ne pardonne pas à Theodore sa mésalliance et brosse de Violet Powys, au milieu d'une armée de chats, un portrait sidérant –, de les mettre tous les trois dans le même sac. Par exemple, au niveau de ces petites manies délicieusement mortifères qui procurent la jouissance, un monde sépare Llewelyn et Theodore de Daddy Jack, l'aîné des Powys.

Comme Shakespeare, qui n'est jamais plus lui-même que lorsqu'il se travestit en singe pour passer à l'acte, Llewelyn, tel Dionysos, et Theodore, ce prophète fulminant, ne sont jamais plus eux-mêmes que dans l'action, je veux dire quand ils passent, érotiquement, à l'acte. John Cowper, au contraire, en serpent de mer fuyant, n'est jamais autant lui-même que dans le suspens, le plaisir indéfiniment différé, la jouissance d'autant plus intensément attendue qu'elle est plus indéfiniment remise. D'où la lenteur de ses romans, cette lenteur que lui reprochait le critique dont j'ai parlé, faisant, avec cette remarque, preuve d'un remarquable aveuglement, cette lenteur divine comparable aux « divines longueurs » de Schubert, seule capable de faire durer l'attente, de suspendre et de retarder jusqu'à la plus extrême limite ce que l'on appellera poliment le « dénouement ».

Il ne faut pas chercher Llewelyn dans l'attente ou le suspens. C'est un homme d'action érotique. Là où est

Éros, là est Llewelyn en train de secouer des membres blancs de lait en fourrageant dans *le nœud d'amour des générations*. Un homme qui ne se gêne pas pour faire des propositions à toutes les filles qu'il rencontre, même par correspondance, et conseiller aux jeunes garçons de se satisfaire « en employant la méthode des anciens bergers grecs qui gardaient leurs troupeaux sur les pentes du Mont Olympe[16] », sous les yeux de sa femme, Alyse Gregory, qui est féministe, moderne, partisane de l'amour libre et, même si elle pince les lèvres, avale couleuvre sur couleuvre.

On ne dira pas que Theodore s'embarrasse de scrupules avec les filles. Il partage entièrement la « philosophie » de son fossoyeur préféré, Circé Truggin : « La vie est qu'une petite chose, c'est qu'un moment dans un arbre creux avec une fille polissonne. Elle a pas plutôt v'nue qu'elle a partie[17]. » On ne peut pas dire les choses plus simplement. Les filles sont polissonnes ou ne sont pas. Ou elles ont de délicieux petits oiseaux qui pointent le bec sous leur corsage, ou, si elles n'ont rien du tout, ce ne sont pas des filles, mais de jolies petites créatures,

16. Martin R. Pollock, « Llewelyn Powys : a fragment of Memory », *The Powys Journal*, vol. 2, op. cit.
17. Theodore Francis Powys, *Kindness in a corner*, Chatto & Windus, Londres, 1930. Tr. fr de Patrick Reumaux, *En Douce dans un coin*, Anabet, 2010.

d'innocentes bêtes-à-bon-dieu qui gambadent sur le pré communal pour réjouir les yeux d'un William Blake ou d'un William Cowper.

L'ennui est qu'il y a quelqu'un qui les regarde. Ne les quitte pas des yeux. Les observe comme une araignée observe une mouche. Qui ? Jar, le rétameur, qui tient de drôles de propos parfois : « C'est moi qui ai créé toutes les terreurs de la terre, la torture, la peste, tout désespoir, tout tourment. Je suis celui qui éventre les femmes qui attendent un enfant, l'auteur de tous les viols ignobles, de toutes les peines et de tous les maux. Peux-tu m'aimer maintenant[18] ? »

Mais oui, on peut l'aimer, et même lui pardonner. Il est un peu vantard – qui ne l'est ? – c'est son défaut. Il joue aux quilles avec le monde, un jeu de massacre comme chacun sait. Mais il y a autre chose. Il y a surtout qu'il n'est pas certain que ce soit lui qui regarde Sally. Alors qui ? Dottery, le pasteur de Tadnol ? Trop occupé avec Sainte Susanna et puis ce n'est pas le moment, la petite fille du fossoyeur, Lottie Truggin, dont les oiseaux ont commencé à chanter, en pince pour lui.

Weston, le marchand de vin en tournée ? Ne s'intéresse qu'à ses grands crus, qu'il vend trop cher, et à ses vers de mirliton. Le fermier Mere ? Il a battu son chien à

18. Theodore Francis Powys, in *Scènes de Chasse en Famille*, op. cit.

mort, c'est entendu. Mais la bestiole avait désobéi. Et quand un chien n'obéit plus… Et puis, il ne faut rien exagérer. Il n'a pas réussi à violer Susie, il n'a fait que la mordre. Un petit coup de dent sur la gorge en passant. Monsieur Tasker ? Trop occupé à nourrir ses dieux, des porcs, avec le cadavre de son géniteur. John La Mort ? Un amateur qui ne sait pas ce qu'il veut, tombe amoureux comme on tombe malade, perd ses lettres de créance en chemin et, pour passer le temps, joue de la faux à l'auberge et lutine les filles dans le cimetière de Madder. Monsieur Solly, qui a planté une haie de noisetiers pour se barricader contre l'Amour ? S'il vous plaît, pas le moment de perdre son temps avec des simples d'esprit.

Il n'y a qu'une seule question digne d'être posée, mais il faut y répondre sinon… Qui regarde ce que Sally est en train de faire en ce moment ?

On serait tenté de dire que c'est Theodore qui se glisse dans le Chemin des Amoureux – *Love Lane* – pour épier ce que fait Sally, ou effrayer à mort Maud ou Polly, Susie ou Minnie Cuddy, mais… Quoiqu'il arrive, tout se ramène aux humeurs de Dieu et quand il regarde ce que fait Sally, il n'y en a pas trente-six, il n'y en a qu'une : *Be what I be, I be Bugby with a liking*. Quoique j'suis, j'suis Bugby avec une envie : effrayer à mort toutes ces filles aux oiseaux innocents qui s'exhibent.

— Le cognac est une boisson qui r'monte rudement quand on est un pauvre homme lié à une vieille toupie. Et une fille avec des ch'veux frisés et un p'tit lacet sur le corsage qui s'déchire facilement, c'est une rudement bonne boisson ça aussi[19].

John Cowper affirmait qu'il n'arrivait pas à lire certains passages des livres de son frère, qui meurt à Mappowder, dans la nuit du 26 novembre 1953, un vendredi. Ses dernières paroles, au dire du clown cosmique : *Je... re... viendrai*[20]. Mais ce n'est pas possible. Cela ne ressemble pas à ce que Theodore a toujours dit. Ce n'est pas lui qui a dit ça, c'est monsieur Bugby.

19. Theodore Francis Powys, *Innocent Birds*, op. cit.
20. John Cowper Powys, « Lettres à Lucy Amelia Penny (née Powys) », « I... will... come... back », *The Powys Journal*, Vol. 1, op. cit.

IX

BÊTES SAUVAGES

Dans une note liminaire au second livre qu'il a publié sur l'Afrique – *Le Rire noir* – Llewelyn Powys affirme que la différence principale avec le premier – *Ébène et Ivoire* – est une différence de style, esthétique dans le premier, pratique dans le second. Cela n'est guère convaincant et il me paraît périlleux de le suivre sur ce terrain.

Dans les deux livres, la fente de visée, pas plus esthétique que pratique, est réglée sur la cruauté. Une hausse silencieuse, qui égorge au bond comme l'hermine, pas autre chose en somme que la loi de la nature (celle des bêtes sauvages) esthétique des crocs, analytique du sang, dialectique du Noir et du Blanc en mettant sous les yeux ces images (les fameux passages) que John Cowper Powys avouait, dans les livres de Theodore et de Llewelyn, être incapable de lire.

Rappelons ici l'anecdote, contée plus haut, où Llewelyn, en Afrique est bouleversé à la vue d'un jeune Kikutyu en train de torturer un épervier à gorge blanche.

On dira que le soleil équatorial agit comme un révélateur de pulsions. Mais pas seulement le soleil, et pas seulement sur la ligne de l'Équateur. L'ombre aussi est révélatrice. Dans les bosquets d'Angleterre, *sub umbra*, dans les berceaux de verdure, les foins, les Rendez-vous d'Amour, sous la haute autorité de Victoria, se répandent à longs jets des flopées d'histoires à longues jambes joliment illustrées, à la gloire de ce que Villiers de l'Isle-Adam appelait le sadisme anglais, autrement dit l'Éducation du Derrière, avec nymphes aux fesses rosies et petits cris effarouchés rendant audibles les obscénités secrètes de l'Empire.

Voilà ce qui ravit Daddy Jack, l'aîné de la fratrie : les Miss Coote ou les Miss Birch qui rivalisent d'ardeur avec les jeunes filles ou les délicieux dialogues entre une comtesse prête à tout et son page :

— *Now Charles, make haste, and if you do that for me I'll give you a sovereign and a new suit of clothes.*

Slipping off his jacket, I began to unbutton his trousers...

— *What's this, Charles are you often wet like this ?*

Avec « *I began to unbutton his trousers* », le monstrueux saurien gallois ne se frotte pas les mains, comme son père, le Révérend, mais le sexe, jusqu'à sentir une explosion dans son cerveau, et, avec « *what's this, Charles, are you often wet like this* », il en a pour deux heures de rêverie torride au bord de l'eau.

Les autres ? S'ils clament haut et fort qu'il faut brûler les livres abominables, on ne leur chipotera pas une vertu pyromane, sans que reste cependant quelque chose comme l'ombre d'un doute. Comment traduiriez-vous, par exemple, *The Joy of It*, le livre de Littleton Powys, l'honnête instituteur, l'athlète de la famille : *C'était si bon ?*

Willie Powys n'a pas, comme ses frères, une plume à la main, mais, façon Hemingway, cette brute, un fusil. Peut-on dire d'Hemingway qu'il est une sombre brute ? Certainement. Sinon, il n'aurait pu écrire un livre aussi terrifiant que *Le Vieil Homme et la Mer* (« une éternité de chaudes larmes ») en rêvant de lions, il n'aurait pas chassé le buffle et traqué un léopard dans les neiges du Kilimandjaro. Il a fini par avaler son fusil en se tirant une balle dans la bouche[1] – erreur de casting ? – à la différence de Willie Powys, tout aussi brutal, mais qui peignait des aquarelles délicates.

Dans une lettre à son neveu, Gerard Casey, qui désirait le rencontrer, John Cowper Powys décrit ainsi son frère Will : « [...] il me semble à l'image de ces personnages de Conrad – comme un Lord Jim un peu vieux ou un Capitaine Lingard, tenant les

1. Hemingway est plus un écrivain de bouche qu'un écrivain de tête. Il prend la balle comme on prend une bouchée. Dit autrement : les mots, comme les balles, font jouir à mort.

"boys" comme on appelle les indigènes et le bétail et les troupeaux, et les animaux sauvages comme tous les éléments d'un royaume miniature (pas tellement miniature finalement) dont il est le juste, silencieux, formidable et tout-puissant monarque[2]. »

Avec Llewelyn Powys, à l'aura solaire, on est à Vérone, le drame que l'on joue est *Roméo et Juliette.* Avec Willie, ce bloc de pierre, à l'aura saturnienne, qui possède une « formidable étrangeté inarticulée » doublée d'une « impressionnante touche de silence : la tragédie est celle de Hamlet, mais avec la nécessité, remarque John Cowper, d'y ajouter « une touche de Fortinbras[3] ».

Que cache ce cuir de brute, paroles et pensées figées comme un ruisseau d'hiver pris par le gel, un phacochère qui se retourne soudain pour faire face à la meute ? Non, une très petite chose tremblante, un enfant ébloui par les cloches de son église, qu'il entend sonner, comme le note sa nièce, Mary Casey, dans le journal qu'elle tient au Kenya : « Après le thé Will a mis les cloches de Montacute sur le gramophone, à cinq heures et demie précises, l'heure à laquelle elles sonnaient au Presbytère de Montacute. Elles n'ont jamais mieux sonné. Le soleil avait disparu derrière la colline et

2. John Cowper Powys, « Lettres à Gérard Casey », *The Powys Journal*, vol. 5, op. cit.
3. Ibid.

il était debout à la fenêtre exposée au nord, les yeux fixés sur les agneaux qui broutaient dans le paddock. La petite cloche sonnait et il pensait à son père. Plus d'une fois, il a eu les yeux perdus au loin et la bouche triste. Mais le spectacle des moutons l'a réconforté et il a fait le geste de tirer sur la corde d'une cloche comme s'il était avec les sonneurs dans le beffroi de Sainte-Catherine comme souvent dans sa jeunesse[4]. »

On a beau changer d'éclairage, passer de l'Ébène à l'Ivoire, de la Vallée du Rift à celle de la Frome ou des neiges du Kilimandjaro aux collines du Dorset, on les retrouve toujours ces « Esclaves de la Solitude[5] », ils sont toujours là, à Chaldon Herring ou à Chydyok, hameau perdu près de la mer, difficile d'accès où il faut « crapahuter sur des pentes semées d'ajoncs et traverser des champs de silex clôturés de barbelés[6] » : Theodore aux prises avec les rats qui dorment dans les lits, Llewelyn, dans son abri en plein air, malade à mourir, mais animé de cette joie de vivre qui lui a permis, à l'enfance, de se faire à lui-même un cadeau

4. Mary Casey, « Portraits de famille, une sélection des journaux 1951-1953 », *The Powys Journal*, vol. 5, op. cit.
5. *The Slaves of Solitude*, titre du beau roman de Patrick Hamilton, paru en 1947 et non encore traduit.
6. Alyse Gregory, citée par Judith Stinton dans *Chaldon Herring, The Powys circle*, The Boydell Press, 1988.

accroché à l'arbre de Noël avec ses mots « De Lulu à Lulu[7] » ; Alyse Gregory, sa femme, l'altière Alyse qui ne dit rien mais souffre en silence des innombrables propositions que Lulu fait à tout ce qui porte jupe ; et les sœurs Powys, Katie la poétesse au visage torturé qui s'envoie en l'air dans les collines avec hommes, femmes, renards, renardes, avec les vents de tempête quand ils ont la queue touffue et les oreilles couronnées de noir, Gertrude, la sœur aînée qui élève des abeilles, grave sur bois, peint à l'huile, à l'aquarelle, n'en finit pas, dans ce monde du rien, de veiller à tout… et Daddy Jack, bien sûr, le conférencier dément qui, à son retour d'Amérique, s'installe avec sa sylphide, un modèle réduit de bacchante, dans la Grange aux Rats, un lieu déshérité que Will Powys préfère aux grandes demeures à colonnades de la baie de Weymouth et qu'il loue chaque fois qu'il quitte sa ferme africaine et vient passer des vacances en Angleterre avec sa famille.

On a compris que l'héroïne de ces textes, qu'elle soit d'ébène ou d'ivoire, est la Nature, une nature sauvage que seules comprennent les bêtes sauvages. Ou les Powys, ces fauves. A-t-elle le visage d'une mère attentive au bien-être de ses enfants ? Celui de celle

7. Judith Stinton, *Chaldon Herring*, op. cit., chap. 6, « Chydyok ».

Qui par sa douceur
Par son maintien fait de pudeur
Timide a capturé mon cœur
Mon églantine ?

Ou celui d'un japonais en prière devant une œuvre d'art ? Pas le moins du monde. En Europe, celui de l'hermine qui tue au bond, la plus infecte belette pâle de toute la création, un mustélidé d'enfer qui, n'en déplaise à Henri Thomas, comme le satyre de Londres, ne rate jamais son coup. En Afrique, la bave dégoulinant des lèvres poilues du cheval des eaux, les crocs de la hyène à l'échine oblique et à la courte queue tachetée, honteuse à force de ricaner, ou la crinière noire du lion dégénéré qui ne se nourrit plus que de chair humaine.

NOTE DE L'ÉDITEUR

Patrick Reumaux a réuni pour le présent ouvrage certaines des préfaces qu'il a consacrées à la famille Powys. Nous indiquons ici la date et le lieu d'édition de leur première publication :

I. « Nous les Powys » : préface à la première édition de la traduction du roman de John Cowper Powys, *Wood and Stone*, Phébus, 1991.

II. « De drôles d'oiseaux » : préface à un choix de textes de Llewelyn Powys tirés de ses essais sur le Dorset et le Somerset, *Que les noix brunissent*, Klincksieck, 2017.

III. Introduction au livre collectif sur les Powys, *Scènes de chasse en famille*, Librairie Elisabeth Brunet, 2003.

IV. « John Cowper Powys, prince de Galles » : préface au roman de John Cowper Powys, *Owen Glendower*, Phébus, 1996.

V. « Luluiser la vie » : préface à *L'Amour, la Mort* de Llewelyn Powys, Phébus, 1998.

VI. « L'ermite soliloquant » : préface à *M. Bugby fait peur aux oiseaux* de Theodore Francis Powys, J.-C. Godefroy, 1983.

VII. « Portraits de famille » : préface à *En douce dans un coin* de Theodore Francis Powys, Anabet, Paris, 2010.

Certains de ces textes ont été remaniés pour la présente édition. Les deux dernières parties du livre : « Des dieux déchus », et « Des bêtes sauvages », sont inédites.

LES AUTEURS DE LA FAMILLE POWYS, TRADUITS PAR PATRICK REUMAUX

Anthologie

John Cowper, Llewelyn, Philippa, Theodore Francis Powys, *Scènes de chasse en famille*, Librairie Elisabeth Brunet, 2003.

John Cowper, Llewelyn, Theodore Francis Powys, *Les Parias*, Le Bruit du temps, 2022.

John Cowper Powys

Owen Glendower, I et II, Phébus, « Libretto », 2017.

Rodmoor, Le Bruit du temps, 2021.

Bois et Pierre, Le Bruit du temps, *à paraître*.

Llewelyn Powys

L'Amour, la Mort, Phébus, 1998.

Gloire de la vie, Isolato, 2008.

Des rats dans la sacristie, Isolato, 2008.

Souvenirs terrestres, Isolato, 2012.

Que les noix brunissent, Klincksieck, 2017.

Theodore Francis Powys

M. Bugby fait peur aux oiseaux, J.-C. Godefroy, 1983.

Bruit et silence, J.-C. Godefroy, 1984.

Mrs. Moggs va voir la mer, Hatier, 1990.

Dieu et autres histoires, Phébus, 1999.

Le Fruit défendu, L'Arbre vengeur, 2006.

En douce dans un coin, Anabet, 2010.

Le Pré de la chèvre, Le Bruit du temps, 2021.

Mise en page : Paula Jiménez

Cet ouvrage a été composé en Adobe Caslon Pro
et achevé d'imprimer en février 2022
par l'imprimerie Smilkov

Dépôt légal : mars 2022
ISBN 978-2-35873-173-7
Imprimé dans l'Union européenne.